Brot, Salz und Herz | Familienrezepte aus dem Kosovo

In liebevoller Erinnerung
an meine Großmütter:

Zelihe Rahimi-Ramadani
(1932–2016)

Havishe Bernjashi-Veliu
(1932–2018)

Arta Ramadani & Halim Meißner

Brot, Salz und Herz

Familienrezepte aus dem Kosovo

Wieser

Wieser

9020 Klagenfurt/Celovec, 8.-Mai-Straße 12
T +43(0)463 37036, office@wieser-verlag.com, www.wieser-verlag.com

Fotos: Halim Meißner, Christina Lourenço,
MOREAU (S. 12, 93), Adobe Stock (S. 46/47, 64/65, 82/83)
Lektorat: Josef G. Pichler, Gestaltung: Alice Burger Grafik+Typografie
ISBN 978-3-99029-549-6

Arta Ramadani & Halim Meißner

Brot, Salz und Herz | Familienrezepte aus dem Kosovo

Ein Buch von Arta Ramadani und Halim Meißner

Essen ist was Wunderbares und verbindet uns Menschen. Egal wo wir herkommen oder welchen Beruf wir ausüben. Wir alle müssen essen. Es ist ein natürliches Grundbedürfnis. Es macht satt, glücklich, spendet Trost und ja, Essen kann uns sogar gesund machen.

Der Physio-Chemiker Hervè This, der seit vielen Jahren die chemischen Reaktionen beim Kochen erforscht, sagte mal bei einem Interview mit der Financial Times:

„Ich hatte zwei Großmütter. Eine machte leckeres Essen, sie war voller LIEBE. Wir aßen kein Protein, keine Lipide, keine Glucose – wir aßen die Liebe meiner Großmutter.“

So verhält es sich auch mit diesem Kochbuch. Es ist eine Liebeserklärung an meine Großmütter.

Dieses Buch soll keineswegs die Vielfalt der gesamten Küche Kosovos abbilden. Wir möchten nur ein paar sehr alte Familienrezepte mit Euch teilen, die meine Großmütter mit Liebe zubereitet haben. Diese Rezepte lassen sich wunderbar in der heutigen modernen Zeit integrieren. Es wäre schade, sie nicht zu kennen.

Alles fing an mit der Rezeptsammlung meiner Mutter, die sie mit nach Deutschland nahm, als wir 1994 nach Mannheim kamen. Sie hatte all die Rezepte, die über die Jahre von unseren Großmüttern im Kosovo gekocht und gebacken wurden, handschriftlich festgehalten. Daraus hat sie meinen Geschwistern und mir im Laufe der Jahre immer wieder Lieblingsgerichte zubereitet, die uns an eine Zeit erinnert haben, in der wir von Großmüttern und Tanten umgeben waren.

Mit den Jahren, die vergingen hier in Deutschland, veränderten wir uns als Familie und mit uns veränderten sich auch unsere Familienrezepte. Die meisten Rezepte, die wir hier im Buch anbieten, gerieten sogar in Vergessenheit.

Durch das Leben in Deutschland entdeckten wir neue Speisen, neue Lebensmittel und so veränderten sich auch unsere Essgewohnheiten.

Ob Pizza oder Pasta, Bratkartoffeln oder Kebab, Currys, Sushi oder Tacos, wir lieben Essen. Sogar meine Mutter lässt für ein gutes Thai-Curry alles andere links liegen. Außer an Feiertagen, wie Bayram, an Weinachten oder

Ostern. Da verschwindet sie in die Küche und zaubert Leckereien aus der albanisch-kosovarischen Küche.

Dann essen wir gerne *Petlla,* aber nicht nur mit Schafskäse und Zucker, wie sie traditionell serviert werden, sondern machen viele verschiedene Dips dazu. Ob Avocado-, Mango- oder Kräuter-Dip, der Phantasie sind keine Grenzen gesetzt.

Die Nationalspeise *Fli* wird noch heute in vielen albanischen Familien mit eingelegter Paprika und Schafskäse serviert. Wir machen dazu einen frischen Salat mit Birnen, Walnüssen und Ziegenkäse.

Und die Lieblingsspeise meiner Großmutter, *Kaçamak,* eine Art Maisbrei, den sie mit Schafskäse zum Frühstück verspeiste, servieren wir mit Parmesankäse und einem Pilzragout. Es ist das perfekte Mittagessen.

Eine große Veränderung brachte mein Schwager Halim Meißner in unsere Familie. Er ist veganer und vegetarischer Koch sowie ein passionierter Fotograf. Seit über zwanzig Jahren lebt er nachhaltig:

Halim isst kein Fleisch, fährt kein Auto, kauft saisonale und regionale Bio-Produkte. Halim ist ein wichtiger Ratgeber geworden, wenn es um das Thema Lebensmittel, Essen und Nachhaltigkeit geht. Es gibt keinen besseren Koch und Ratgeber als ihn, um dieses Buch zu gestalten.

Während des zweiten Lockdowns aufgrund der weltweiten Corona-Pandemie 2020/2021 musste Halim in Kurzarbeit treten. Er hatte genügend Zeit für eine neue, unerwartete Aufgabe. Eines Tages, an einem Wochenende fiel uns die Rezeptansammlung meiner Mutter in die Hände. Wir wurden neugierig und fingen an, die Rezepte zu studieren. Alles klang so lecker und so einfach, dass wir beschlossen, ein paar ausgewählte Rezepte nachzumachen und daraus ein Buch zu gestalten.

Halim war sehr schnell Feuer und Flamme für unser Projekt und so legten wir los, unter einer Bedingung: Wir kochen fleischlos.

Was gar nicht so verkehrt ist, denn auch meine Großmütter haben ohne Fleisch gekocht, mit all dem, was die Natur hergab. Vor allem die Familie meines Vaters hat von Landwirtschaft gelebt. Sie hatten einen klassischen Bauernhof mit Kühen, Hühnern, Ziegen und Pferden.

Tiere waren im Kosovo vor allem im ländlichen Gebiet wichtig fürs Überleben. Sie haben wertvolle Lebensmittel wie Milch und Käse produziert und viele Bäuche satt gemacht.

Man schlachtete sie nur zu besonderen Anlässen. Bei Festen, wie dem Zuckerfest Ramadan, an Weihnachten oder bei Hochzeiten. Ansonsten wurden die Tiere geachtet und lebten glücklich auf dem Bauernhof, so zumindest erzählte es mir meine Großmutter.

Mit meinem Schwager Halim zusammen haben wir nicht nur die Rezepte nachgekocht und nachgebacken. Er hat auch die Fotos dazu gemacht, die anschließend bearbeitet wurden von der Fotografin Christina Lourenço.

Wichtig zu erwähnen ist auch, dass unsere Rezepte zeitgemäß sind. Wir benutzen Bioprodukte und saisonales Gemüse. Statt Weizenmehl benutzen wir für fast alle Speisen Dinkelmehl Typ 630. Kuhmilch wurde ersetzt durch Hafermilch.

Über die Küche der Albaner aus dem Kosovo ist wenig bekannt im deutschsprachigen Raum. Sie gilt als die Küche „der armen Leute". Dabei finden sich viele Speisen, die im Kosovo zubereitet werden, auch in den anderen Balkan-Staaten.

Kifle zum Beispiel, eine Art gefülltes Hörnchen mit Schafskäse oder Marmelade, isst man zum Frühstück, mit einem Kaffee oder Tee. In dieser Form findet man das auch in Bosnien, Mazedonien oder Kroatien.

Grundsätzlich muss man sagen, dass Essen und Gastfreundschaft im Kosovo eine große Rolle spielen. Die Freundlichkeit Fremden gegenüber hat unter den Albanern, egal wo sie leben, ob in der Diaspora oder in Mazedonien, Albanien, Montenegro, Südserbien oder Kosovo, eine lange Tradition.

Das Sprichwort *Brot, Salz und Herz* ist bezeichnend für die Albaner. Das bedeutet, selbst in den schwierigsten Zeiten teilen die Albaner ein Stück Brot mit Fremden und Notleidenden.

So zum Beispiel fanden viele Juden während des Zweiten Weltkrieges Zuflucht bei den Albanern, während sie woanders verfolgt und ermordeten wurden. Die Juden lebten, arbeiteten und aßen mit den Albanern. Sie wurden wie Familienmitglieder behandelt.

Die Küche der Albaner im Kosovo ist stark geprägt von der Zeit des Osmanischen Reiches. Das haben wir während der Recherche zu den Rezepten immer wieder festgestellt. Es war vor allem mir wichtig zurückzuverfolgen, zumindest es zu versuchen, woher die Rezepte meiner Großmütter kommen. Ich wollte mehr wissen über das Essen meiner Vorfahren. Ich wollte mehr wissen über *Tri Leçe, Fli* und *Revani,* als nur den Geschmack anzupreisen.

Fakt ist, viele Rezepturen, die man unter den Albanern findet, sind weit verbreitet auf dem gesamten Balkan und haben oft mit den osmanischen Eroberern zu tun.

Kein Wunder auch, sie herrschten fast 500 Jahre auf dem Balkan, sie brachten den Islam gewaltsam ins Land und veränderten so das Leben und auch die Essgewohnheiten der Einheimischen.

Bis heute werden in meiner Familie Geschichten erzählt, wie die Einheimischen dem osmanischen Reich dienten, als Berater, Soldaten oder Köche.

Viele Speisen, die in der heutigen Türkei gegessen werden, sollen ihren Ursprung auf dem Balkan haben, sagt die Legende.

Selbst die Autorin Nevin Halici, die mehrere Bücher über die türkische Küche verfasst hat, sagt:

„Zweifellos hat es in der türkischen Küche viele gegenseitige Befruchtungen gegeben. Als die Türken von Zentralasien nach Westen kamen, wurden sie beeinflusst von den Küchen der Länder, die sie durchquerten. Ein wichtiges Merkmal türkischer Küche ist ihre Fähigkeit alles erfolgreich anzupassen, was sie übernommen hat."

Durch die Reisen, die ich über die Jahre unternommen habe nach Marokko, Vietnam, USA oder Israel, habe ich viel über mich selbst gelernt. Vor allem habe ich aber gelernt, welche Bedeutung Essen hat, wie Ernährung Identität stiftet, wie Essen Integration fördert. Insbesondere habe ich gelernt, meine Herkunft wertzuschätzen, mein kulturelles Erbe zu pflegen. Dazu gehören eindeutig die Speisen meiner Großmütter, die wir gerne mit Euch teilen möchten.

Wir hoffen, unsere Rezepte gefallen Euch und Ihr habt Lust, diese nachzumachen.

Es sind ganz einfache Rezepte, die leicht zu kochen oder zu backen sind. Sie füllen den Magen, schmecken gut und machen glücklich.

Legt los und Guten Appetit oder wie wir im Kosovo sagen:

„Ju befte mirë."

Arta Ramadani & Halim Meißner

Inspiriert von Pita, Burek oder Börek –
Balkan-Impressionen von
Lojze Wieser und Barbara Maier

Vorwort 6

Rezepte

Bath – Albanischer Bohneneintopf mit Äpfel und Kichererbsen 14

Kaçamak – Maisbrei mit Parmesan und Pilzragout 18

Krelan e Kallamojt – Maiskuchen mit Brennnessel und Schafskäse 22

Petlla – Frittierte Teigstücke mit Dips 26

Lakror – Pita mit Weißkohl und einem Rucola-Tomaten-Salat 30

Fli – Kuchen der Sonne, dazu ein Blattsalat mit Walnüssen, Birne, Ziegen-Fetakäse 34

Mantia – Teigtaschen gefüllt mit Waldpilzen und einer Knoblauch-Minze-Joghurt-Soße 38

Pire – Kürbis-Maronen-Püree mit einem Ragout aus Wurzelgemüse 42

Eine Einführung in die Brotkultur der Albaner 48

Pogaqë – Brotgebäck mit einem traditionellen Paprika-Dip 50

Bukë e kallamojt – Maisbrot 56

Samëz – Teiggebäck mit Knoblauch-Joghurt-Soße und einem bunten Salat 60

Kifle – Gefüllte Hörnchen mit Käse und Hagebuttenmarmelade 66

Gurabia – Gebäck mit Hüttenkäse oder Marmelade 70

Revani – Kuchen mit Kokos und Zitronensorbet 74

Trileçe – Milch-Karamell-Kuchen 78

10 Fragen an den Koch Halim Meißner 84

Ein letztes Wort zum Schluss: Was es bedeutet, eine albanische Frau zu sein! 86

Danksagung 91

Quellennachweis 94

Biografien 95

Bath – Albanischer Bohneneintopf mit Äpfeln und Kichererbsen

Dieser Bohneneintopf ist eine Berühmtheit unter den Albanern im Kosovo. In fast jeder Familie gehört der Eintopf bis heute fest zum Speiseplan dazu. Vor allem in den harten Wintermonaten ist dies eine Speise, die die Seele wärmt.

Viele Familien im Kosovo konnten sich gar kein Fleisch leisten, sie waren auf die Bohne als Eiweißquelle und auch als Sattmacher angewiesen. Da viele Familien im Kosovo vor allem in den 90ern von Landwirtschaft lebten, haben sie die Bohnen selbst angebaut.

Heutzutage kann man Bohnen auf dem Markt im Kosovo kiloweise sehr günstig erwerben.

Meine Eltern kaufen diese direkt beim Bauern und bringen sie mit nach Deutschland. Sie lieben den sämigen Geschmack der Bohne und kochen dieses Gericht auch in Deutschland regelmäßig. Ein Teller Bohneneintopf bedeutet für meine Eltern ein Teller Glück.

Im Gegensatz zu meinem Schwager und mir kochen meine Eltern die Bohnen mit Rinder-Dörrfleisch (auf dem Balkan bekannt als Pasterma).

Wir bieten für unser Kochbuch eine Variante an mit Kichererbsen und Äpfeln.

Die Bohne ist eine außerwohnliche Pflanze, die bis heute weltweit viele Menschen ernährt. Ob Südamerika, USA, Großbritannien oder das ehemalige Jugoslawien. Die Bohne gilt für viele Menschen als die Königin der Hülsenfrüchte. Selbst die alten Römer verehrten sie. Nicht umsonst trug eine der wichtigsten römischen Familien den Namen einer Bohne: Favius, von der Favabohne.

In Deutschland kennt man unseren albanischen Bohneneintopf unter den Namen: „Serbische Bohnensuppe".

Obwohl dieses Gericht, überall im ehemaligen Jugoslawien gegessen wird, gilt der Eintopf bis heute als serbische Erfindung.

Laut meiner Recherche hatte diese Speise in Deutschland lange Zeit einen guten Ruf und war vor allem unter den Studenten sehr beliebt. Kantinen und Kneipen boten diesen Eintopf wohl in der Vergangenheit regelmäßig an.

Mit den Jahren hat der Ruhm der „Serbischen Bohnensuppe" abgenommen. Sie ist sogar fast aus dem Speiseplan verschwunden. Ob das was mit den Konflikten auf dem Balkan zu tun hat, sei dahingestellt. Schade ist es allemal, denn dieser Bohneneintopf ist schnell gemacht, hat viel Protein und schmeckt aufgewärmt auch nach Tagen ganz wunderbar.

In Kombination mit Kichererbsen ist dieser Bohneneintopf sogar eine richtige Eiweißbombe.

Und so geht unser Rezept

Zutaten für den Bohneneintopf

250 Gramm weiße Bohnen

150 Gramm Kichererbsen

zwei Liter Wasser

ein Apfel

zwei mittelgroße Zwiebel

zwei Karotten

3–4 Esslöffel Rapsöl

50 Gramm Butter

1 gehäufter Esslöffel Paprika edelsüß

Salz und Pfeffer zum Abschmecken

Zubereitung

Bohnen und Kichererbsen getrennt voneinander über Nacht einweichen. Die Bohnen in Wasser kochen. Nach ungefähr 40 Minuten die Kichererbsen hinzufügen. Anschließend Karotten, Zwiebeln, Äpfel grob schneiden und dazugeben. Alles zusammen kochen, bis die Bohnen weich sind.

In der Zwischenzeit eine Zwiebel kleinschneiden und in Rapsöl und Butter glasig dünsten. Paprika edelsüß dazugeben und mit der Zwiebel zusammen anschwitzen. Das Ganze mit einer kleinen Kelle Bohnenfond ablöschen, bis eine sämige Konsistenz entsteht. Anschließend gib man das zu den gekochten Bohnen und den Kichererbsen dazu, schmeckt mit Salz und Pfeffer ab und lässt es ca. 10 Minuten fertig köcheln. Nach traditioneller Art serviert man den Eintopf mit Maisbrot, eingelegter Paprika, Schafskäse oder Oliven. Für den Eintopf eignet sich wunderbar altbackendes Brot zum Eintunken.

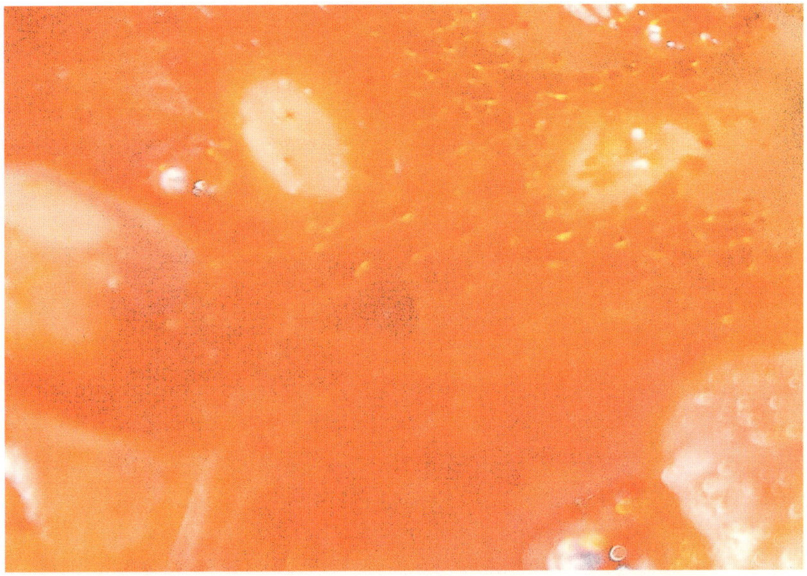
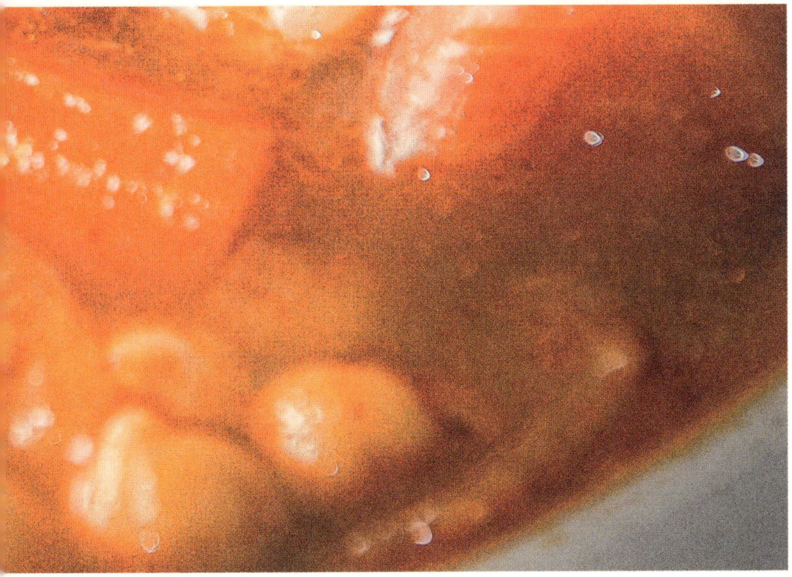

Kaçamak – Maisbrei mit Parmesan und Pilzragout

Kaçamak war eine der beliebtesten Speisen meiner Oma Havishe. Die Mutter meiner Mama lebte in einer Stadt im Presevo-Tal, hatte einen großen Garten, der immerzu nach Rosen duftete. Sie liebte gutes Essen und führte im ehemaligen Jugoslawien ein schönes Leben. Sie hatte moderne Geräte, wie zum Beispiel einen Elektroherd oder ein Handrührgerät, sowie eine große Küche, schöne Porzellanteller und einen langen Esstisch. Diese Oma liebte das Leben, sie war neugierig, aufweckt und hätte gerne mehr aus ihrem Leben gemacht, als nur Mutter und Hausfrau zu sein. Das sagte sie selbst, auch in den späten Jahren. Da es Frauen ihrer Generation nicht vergönnt war, eine höhere Schule zu besuchen, war die Rolle der Mutter und Hausfrau alles, was sie hatte. Und diese Rolle erfüllte sie mit großer Liebe, Zuwendung und Begeisterung. Sie liebte es, Ordnung in der Küche beim Kochen zu halten und ihre Gäste buchstäblich zu verwöhnen. Das Sprichwort, das Auge isst mit, könnte glatt von meiner Oma stammen. Sie achtete sehr genau darauf, das Essen auf dem Teller so ansprechend wie möglich anzurichten. Sie liebte Details, Schokolade und türkischen Tee.

Bei ihr lernte ich bereits als kleines Mädchen, was es bedeutet, Selbstfürsorge zu betreiben, was es bedeutet, eine positive Lebenseinstellung zu haben und das Beste aus seiner Situation zu machen.

Bei dieser Oma lernte ich aber auch all die industriell verarbeiteten Lebensmittel kennen:

Pasterma, Salami, Ayvar, Schmelzkäse, Pastete, Weißbrot und Schokoaufstrich.

Zu ihren berühmten Ritualen gehörte das sonntägliche Kaçamak-Kochen zum Frühstück, das sie immer mit Schafskäse verabreichte. Dazu trank sie eine Tasse schwarzen Tee. Laut meiner Oma half der schwarze Tee bei der Verdauung, da Kaçamak eine mächtige Wirkung auf den Organismus haben konnte.

Kaçamak ist eine Art Maisgrieß und kommt eigentlich aus dem Türkischen. Es bedeutet: Eskapade. Was ganz gut zu dieser Speise passt. Denn beim Kaçamak-Kochen kann es, wenn man nicht gut aufpasst, eine Eskapade geben, um nicht zu sagen eine Sauerei.

Um dieses Gericht zu kochen, braucht man viel Kraft, denn Kaçamak besteht laut dem Rezept meiner Oma hauptsächlich aus Maismehl, Wasser, Milch, Butter und Schafskäse. All diese Zutaten müssen langsam, achtsam bei niedriger Hitze verrührt werden. Das Rühren kann bis zu 30 Minuten dauern und kostet wirklich viel Energie.

Meine Oma genoss diese Speise jeden Sonntag. Das war ihre Art, Kindheitserinnerungen zu beleben. Ich persönlich konnte dieser Speise als Kind nichts abgewinnen. Ich fand sie mehlig und den Geschmack

langweilig. Ich leistete meiner Oma aber gerne Gesellschaft beim Essen. Auf dem Teller hatte ich allerdings ein Stück Weißbrot, dick bestrichen mit Schokoladencreme.

Kaçamak war unter den Albanern im Kosovo besonders beliebt, weil es die Leute lange satt hielt. Man musste zwar viel Wasser trinken tagsüber, aber der Hunger kam nicht so schnell wieder. Die Albaner hatten oft viele Kinder und waren arm. Die Frauen mussten kalorienreiches Essen kochen, um ihre Familien lange satt zu kriegen. Da eignete sich Kaçamak bestens dafür.

Bei meiner Recherche zu Kaçamak fand ich zudem heraus, dass es ein ähnliches Gericht auch in Südafrika gibt. Dort heißt dieses Gericht Pap. Es wird ähnlich wie bei meiner Oma mit Käse, aber auch mit verschiedenem Gemüse gereicht.

Es gibt aber auch Regionen, die Kaçamak als Süßspeise anbieten. In Teilen Herzegowinas zum Beispiel wird der Maisbrei süß gekocht, mit Milch, Butter und Vanillezucker. Anschließend wird er mit Honig und Walnüssen garniert. Man kann den süßen Kaçamak auch mit jeder beliebigen Frucht garnieren. Frische Erdbeeren, Mango oder eingelegte Aprikosen passen sicherlich auch vorzüglich dazu.

Wir bevorzugen die deftige Variante.

Für meinen Schwager Halim und mich eignet sich Kaçamak sehr gut als Mittagessen. Wir bieten Kaçamak an mit Parmesankäse und einem Pilzragout. Dazu passt ein gutes Glas Wein, am besten ein Weißburgunder. Es ist das perfekte Gericht für einen regnerischen Tag. Als Erwachsene Frau möchte ich Kaçamak auf meinem Speiseplan nicht mehr missen.

Und, so geht es

Zutaten für Kaçamak

Ein Liter Wasser

100 ml Milch

300–400 Gramm Maismehl

ein Teelöffel Salz

Parmesan nach Belieben

Zutaten für das Pilzragout

300 Kräuterseitlinge

100 Gramm Champignons

100 Gramm Austernpilze

4 Esslöffel Rapsöl

eine Zwiebel

150 ml Hafermilch

30 Gramm Reismehl zum Binden

ca. ein halber Teelöffel Salz

eine Messerspitze Pfeffer

eine Messerspitze Muskat

eine Messerspitze Galgant

ein halber Teelöffel Quendel (wilder Thymian)

zum Verfeinern Petersilie dazu

Zubereitung des Kaçamak

Wasser, Milch und Salz zum Kochen bringen. Die Temperatur reduzieren. Das Maismehl langsam einrühren und das Ganze auf niedriger Hitze köcheln lassen. Ständiges Rühren ist wichtig, um die breiige Masse nicht am Boden ankleben zu lassen. Nach ca. 30 Minuten ist die Masse soweit ausgekocht und kann serviert werden. Wir geben dazu Pilzragout und Parmesan. Verfeinern das Ganze mit gehackter Petersilie. Der Phantasie sind hier keine Grenzen gesetzt. Man kann zum Kaçamak jegliche Art von Ragout anbieten. Fleisch, Gemüse oder Fischragout, alles passt. Hauptsache, es schmeckt.

Zubereitung des Pilzragouts

Kräuterseitlinge klein schneiden, Champignons vierteln, Austernpilze klein zupfen, alles zusammen in Öl anbraten. Zwiebelwürfel dazu. Würzen und mit Hafermilch ablöschen. Reismehl mit Wasser anrühren und zu den Pilzen dazugeben, so dass eine sämig cremige Konsistenz entsteht.

Krelan – Maiskuchen mit Brennnessel und Zwiebeln

Auf dem Bauernhof meiner Großeltern väterlicherseits in einem Dorf im Presevo-Tal wuchs die Brennnessel überall. Meine Schwester und ich verbrachten leider viel zu selten unsere Sommerferien dort, aber wenn wir dort waren, dann verbrachten wir den ganzen draußen. Und so kamen wir beim Herumtoben oft ungewollt in Berührung mit dieser Pflanze, die einen höllischen Schmerz auf der Haut auslösen konnte. Oft weinten wir deshalb bittere Tränen und hatten regelrecht Angst vor dieser Pflanze. Erst später verstand ich, dass meine Oma die Brennnessel als Gemüse zubereitete und daraus einen wunderbaren Maiskuchen backte, der so köstlich schmeckte, dass ich Geschmacksexplosionen davon im Mund bekam.

Die Aufenthalte bei den Eltern meines Vaters im Dorf waren für mich ein großes Abenteuer. Nicht nur weil der Weg dorthin von der Hauptstadt Prishtina sehr weit weg war, sondern weil ich umgeben war von Natur und Tieren und weil das Essen dort ganz außergewöhnlich gut schmeckte. Die Oma kochte mit all dem, was die Natur hergab, das Obst und Gemüse, das sie verwendete, wurde ohne Einsatz von chemisch-synthetischen Mitteln angebaut. Zudem kochte sie das Essen langsam, oft stundenlang auf ihrem Holzkohleofen. Den Geschmack dieses Essens habe ich bis heute nie wiedergefunden.

Die Mutter meines Vaters war eine typisch albanische Frau aus dem Kosovo. Eine sehr fleißige, resiliente Frau, die viel um die Ohren hatte und sich nie beschwerte. Auch sie durfte als junges Mädchen keine höhere Schule besuchen, weil es für die Mädchen ihrer Generation vorgesehen war, zu heiraten und Kinder zu bekommen. Darüber beschwerte sie sich allerdings nie. Sie kümmere sich um den Bauernhof, um ihre Pflanzen, bekochte ihre Familie und redete grundsätzlich wenig. Essen kochen, Kuchen backen, für das Wohl der Familie und der Gäste zu sorgen, das war ihre Art sich mitzuteilen, das war ihre Art Liebe zu zeigen, das war ihre Art zu sprechen.

Aufgetischt wurde bei den Eltern meines Vaters auf dem Boden, auf einem großen, runden Holztisch, den nannten sie Sofra. Alle Gäste und Familienmitglieder saßen um den Tisch und nahmen ihre Mahlzeiten zur sich. Es war unglaublich wichtig für meine Großmutter, genügend Essen auf dem Tisch zu stellen, damit alle Anwesenden satt werden konnten. Niemand sollte hungrig ins Bett gehen. So war es Sitte, die Gäste mehrmals danach zu fragen, ob denn sie auch wirklich satt geworden sind. Ob sie doch nicht noch mehr Käse essen möchten, oder Brot, oder eben Maiskuchen.

Als Kind tat ich mich wirklich schwer zu verstehen, wie eine Pflanze wie die Brennnessel, die solche Schmerzen auf der Haut verursachte, zubereitet so gut schmecken konnte. Bei der Recherche musste ich mit Erstaunen feststellen, dass selbst der Name der

Brennnessel sich vom lateinischen „urere“ für „brennen“ ableitet.

Für meine Oma war sie die Wunderheilpflanze, die sowohl den Menschen als auch der Natur diente. Hatte jemand im Dorf eine Erkältung oder litt jemand an Eisenmangel, der bekam die Brennnessel sofort entweder als Tee serviert oder als Gemüsebeilage. In der Brennnessel finden sich unter anderem Vitamine, Mineralstoffe, Gerbstoffe und wertvolles Histamin.

Auch wenn die Brennnessel heute kaum bekannt ist, auch wenn die Berührungen mit ihr schmerzhaft sein können, ist die Brennnessel eine Pflanze, die viele Familien im Kosovo mit Eisen und wichtigen Mineralstoffen versorgt hat. In Kombination mit Schafskäse und Zwiebeln schmeckt sie erstklassig. Überzeugt Euch selbst.

Und so geht es

Zutaten für den Teig

200 ml lauwarme Milch

Wasser nach Bedarf

300 Gramm Maismehl

3–4 Esslöffel Naturjoghurt

1 Esslöffel Rapsöl

ein gestrichener Teelöffel Natron

eine Prise Salz

Zutaten für die Füllung

1 kg Brennnessel

zwei mittelgroße Zwiebeln

200 Gramm Schafs-Feta-Käse

200 Gramm Ziegengouda

ein Teelöffel Salz

eine Prise Pfeffer

2 Esslöffel Öl

Zubereitung für den Teig

Mehl, Milch, Joghurt, Öl, Salz und Backpulver miteinander verrühren. Bei Bedarf etwas Wasser hinzufügen. Der Teig sollte nicht zu trocken bzw. bröselig sein. Den Teig auf ein rundes, gefettetes Pizzablech gleichmäßig verteilen und einen ca. drei Zentimeter hohen Rand formen. Das kommt für etwa 10 Minuten in den Backoffen zum Vorbacken.

Zubereitung der Füllung

Die Brennnesseln gut waschen und zupfen. Zwiebelwürfel in Öl anschwitzen und die Brennnesseln dazugeben. Das Gemüse gut dünsten, bis die Brennnessel zusammenfällt und eine gleichmäßige Maße entsteht. Mit Salz und Pfeffer abschmecken und auf dem vorgebackenen Teig verteilen. Den Käse drüberstreuen und bei 220 Grad backen, bis der Käse eine goldgelbe Farbe bekommen hat.

Petlla – Frittierte Teigstücke mit Dips

Petlla sind kleine, flache, frittierte Teigstücke, die auf den ersten Blick Ähnlichkeit haben mit unseren Berlinern hier in Deutschland. Im Gegensatz zu den Berlinern werden sie süß und salzig gegessen und sind nicht gefüllt.

In der Stadt, da wo meine Großeltern mütterlicherseits gelebt haben, waren Petlla ein beliebter Snack. Man konnte diese in der Stadt kaufen und aus der Hand essen. Oft wurden sie mit Zucker bestreut und von serbischen, aber auch von albanischen Budenbesitzern angeboten. In Zeiten des Kommunismus haben Serben und Albaner im Süden Serbiens (Presevo-Tal) gut miteinander gelebt, sie haben Ähnliches gegessen und getrunken. Waren Nachbarn und sogar Freunde. Das änderte sich in den 90ern dann radikal, aber das ist eine andere Geschichte.

Traditionell isst man Petlla im Kosovo heute mit Zucker oder Schafskäse. Oft werden sie zum Frühstück serviert. Aber auch bei Familienfeiern, Geburtstagspartys oder sogar Hochzeiten sind Petlla ein beliebter Snack.

In meiner Familie essen wir sie mit Marmelade, Kräuterquark, Schafskäse oder Schokocreme. Eigentlich kann man Petlla mit allem, was schmeckt, essen.

Petlla sind das perfekte Sonntagsessen, wenn Freunde oder Familie zum Brunch zusammenkommen. Man isst sie aus der Hand, trinkt einen Tee oder einen Cappuccino dazu und unterhält sich über Gott und die Welt. So kann ein ganzer Sonntag vergehen und man fällt mit vollgeschlagenem Bauch, aber überglücklich spät am Abend ins Bett.

Wir vermuten, die Rezeptur der Petlla kommt aus Ungarn, da sie Ähnlichkeit hat mit den Lángos. Das sind die frittierte Teigfladen mit Knoblauch und Sauerrahm, die wir jährlich auf dem Weihnachtsmarkt verschlingen.

Die ungarischen Lángos sollen aus Mehl, Wasser und Backhefe bestehen, das ist auch der Grundtteig für Petlla.

In Ungarn sagt man, dass Lángos mit der Einführung des Brotteiges entstanden sind. Die Teigreste wurden dann nicht weggeworfen, sondern an der Öffnung des Backofens nahe der Flamme gebacken. Lángos waren so beliebt, dass sich die Rezeptur rasant verbreitete und regional anpasste, zum Beispiel in Österreich, Rumänien und im ehemaligen Jugoslawien.

Die Legende besagt, an Tagen, an denen Brot in Ungarn gebacken wurde, freute sich die gesamte Familie, denn zum Frühstück gab es Lángos, die man mit Rahm bestreichen konnte. Das war ein Frühstück für Weltmeister.

Im Gegensatz zu den Albanern aus dem Kosovo, essen die Ungarn ihre Lángos nur noch selten

zu Hause. Dort soll es viele Lángos-Buden geben, man kann sie preiswert an jeder Ecke erhalten. Im Kosovo werden die Petlla noch heute gerne zu Hause meistens von den Frauen der Familie hergestellt. Die Zutaten und Varianten unterscheiden sich von Familie zu Familie. Wer eine weiche Konsistenz möchte, nimmt Hefe in den Teig, lässt den Teig gehen und frittiert die Teigstücke anschließend. Andere wiederum benutzen Backpulver für den Teig und frittieren die Teigstücke, ohne den Teig lange ruhen zu lassen. Durch das Backpulver bekommt der Teig eine festere Konsistenz.

Wir haben unser ganz eigenes Familienrezept: Wir benutzen für den Teig Backpulver, Mineralwasser und etwas Naturjoghurt.

Und so geht es wirklich

Zutaten

1 kg Mehl/Dinkelmehl (Typ 630)

1 Ei

250 Gramm Joghurt

ein Teelöffel Backpulver

ein halber Teelöffel Salz

500 ml Mineralwasser

1 Liter Sonnenblumenöl zum Frittieren

Zubereitung

Alle Zutaten zu einem Teig verrühren und eine halbe Stunde ruhen lassen. Danach den Teig durchkneten und zu einer runden, etwas dickeren Form ausrollen. Daraus kleine, gleichmäßige Stücke schneiden, welche dann in heissem Öl goldbraun frittiert werden. Das Öl kann man durchaus ein zweites Mal zum Frittieren benutzen, sowie zum Anbraten verwenden.

Lakror – Kuchen mit Weißkohl und Rucola-Tomaten-Salat

Lakror ist eine typische Speise aus Albanien, beheimatet in der Stadt Korça. Es ist eine Art Pie, gefüllt mit Gemüse oder Fleisch.

Ähnliche Speisen kennen wir in Deutschland als Byrek, Burek oder Pita.

Das Wort Laker bedeutet ins Deutsche übersetzt Weißkohl. Man geht davon aus, dass der Lakror deshalb so heißt, weil er zuallererst traditionell mit Weißkohl gefüllt wurde.

Tatsächlich haben auch meine beiden Großmütter den Lakror am liebsten mit Weißkohl gefüllt. Sie kochten die Milch mit etwas Salz, fügten den in Streifen geschnittenen Weißkohl hinzu und ließen das Ganze eine Weile köcheln, auf niedrigster Stufe.

Dann machten sie einen Teig, den sie in zwei große Kugeln teilten. Jede Kugel wurde zu einer dünnen Platte ausgerollt (ca. 2 cm dünn). Daraus wurden etwa 8–10 Streifen geschnitten und mit Butter bestrichen. Das sah aus wie eine lachende Sonne. Die Streifen wurden, wie auf dem Foto, zur Mitte hin gefaltet. Dieser Stapel von Teigschichten wurde auf ein gefettetes Backblech gelegt. Nach einer kurzen Ruhepause wurden die Teigschichten gleichmäßig mit den Händen in Blechgröße geformt.

Schließlich kam die abgekühlte, weiche Weißkohlmasse drauf.

Anschließend wurde die zweite ausgerollte Teigkugel draufgelegt und zum Rand hin geformt. Bevor es in den Ofen kam, wurde es noch einmal mit Butter bestrichen.

Gebacken wurde der Lakror im vorgeheizten Ofen bei 220 für ca. 30 Minuten.

Für die letzten 10 Minuten wurde der Ofen auf 250 Grad erhöht, damit eine schöne knusprige Schicht entstand. Nach dem Backen wurde der Lakror mit Wasser beträufelt und mit einem Leinentuch abgedeckt. Dies hielt den Kuchen saftig und trotzdem knusprig.

Dieser ganze Prozess hatte was Meditatives. Ich bestaunte mit großen Augen das Kunstwerk meiner Großmütter. Sie bereiteten dieses Gericht mit einer Hingabe, die nur aus Liebe entstehen konnte. Meine Großmütter haben während der Zubereitung fast gar nicht gesprochen. Sie waren so fokussiert, so konzentriert bei dieser Tätigkeit, dass sie alles um sich herum vergaßen.

Die Stadt Korça schenkt dem Lakror ein ganzes Sommerfest und ist dadurch ein Touristenmagnet geworden. Jährlich treffen sich im Sommer (Juli/August) Männer und Frauen aus der Gegend zum Backen und Feiern der Lakrore. Alle Teilnehmer und Teilnehmerinnen haben ihr eigenes Rezept, ihre eigene Vorgehensweise, ihre eigene Füllung.

Bei traditionellen Gesängen und Tänzen wird gebacken, getanzt und geschlemmt. Eine Legende besagt, dieses Fest wurde ausgerichtet, um die erste Ernte des Jahres zu testen und zu feiern.

Korça ist eines der wichtigsten Zentren Albaniens, kulturell wie wirtschaftlich. Es ist bekannt für seine Gastfreundschaft, für seine Tavernen, sowie für die schönen Hofgärten mit den vielen Blumen. Hier kann man das ganze Jahr über gemütlich in einer Taverne sitzen, ein Stück Lakror genießen und Serenaden hören. Dieser Gesangsstil ist typisch für die Stadt Korça und in ganz Albanien berühmt. Die Lieder handeln von Liebe und Trauer und repräsentieren eine authentische Art der Bewohner Korças.

Und so geht es

Zutaten für den Teig

500 Gramm Dinkelmehl (Typ 630)

250 ml Wasser

ein halber Teelöffel Salz

etwas zerlassene Butter zum Bestreichen

Zutaten für die Füllung

ein mittelgroßer Kopf Weißkohl

300 ml Hafermilch

eine Prise Salz

Zutaten für den Salat

500 Gramm Rucola

200 Gramm Kirschtomaten

eine mittlere rote Zwiebel

5 Esslöffel Balsamico-Essig (dunkel)

4 Esslöffel Olivenöl

Salz und Pfeffer zum Abschmecken

Zubereitung

Bei der Herstellung von „Lakror" sind wir den Anweisungen meiner Großmütter, wie umseitig erklärt, gefolgt. Für ein besseres Verständnis haben wir Fotos beigefügt, die die Schritte verdeutlichen sollen.

Zubereitung für die Füllung

Den Weißkohl in Streifen schneiden und in eine große Pfanne geben. Die Milch hinzufügen und das Ganze salzen. Den Kohl köcheln lassen, bis er eine geschmeidige Konsistenz erreicht hat und die Flüssigkeit weitestgehend einreduziert ist.
Die fertigen Kohl-Streifen lässt man gut abkühlen, bevor man sie auf dem Teig verteilt.

Zubereitung für den Salat

Den Rucola schneiden, die Tomaten halbieren, die Zwiebeln würfeln. Alles in einer Schüssel mischen und mit Essig und Olivenöl marinieren. Mit Salz und Pfeffer abschmecken und zum Lakror servieren.

Fli – der Kuchen der Sonne – dazu ein Blattsalat mit Walnüssen, Birne und Ziegen-Fetakäse

Fli oder Flija ist wohl die berühmteste Speise unter den Albanern, egal wo sie leben. Ob im Ausland oder auf dem Balkan, Fli verbindet alle Albaner weltweit.

Die Legende besagt, dass Fli ursprünglich von den Illyrern kommt, von denen die Albaner abstammen. Die Illyrer haben Fli, also den Kuchen der Sonne als Opfergabe erdacht, so zumindest beschreibt es der albanische Koch Bledar Kola. Das erklärt einiges, denn bis heute ist das so: Die Gäste mit Fli zu bewirten, ist die höchste Form des Respekts in vielen Familien aus dem Kosovo.

Kein Unabhängigkeitstag, kein Geburtstag, keine Hochzeit kommt ohne Fli aus. Sie ist albanisches Nationalgut und mittlerweile eine touristische Attraktion, schreibt der albanische Autor Arsim Canolli in seinem Buch „Flija".

Für die Diaspora-Albaner weckt Fli nicht nur Heimatgefühle, es ist fast schon Teil ihrer albanischen Identität geworden. In den sozialen Medien gibt es zahlreiche Fotos und Fli-Rezepte. Junge Leute, die in Deutschland geboren und aufgewachsen sind, posten Fotos mit Fli und schreiben Sätze wie: „Fli ist Heimat" oder „Endlich im Kosovo, wir haben Fli vermisst".

Der albanische Koch Bledar Kola beschreibt am besten, was Fli ist:

„Bei Fli handelt es sich um einen in vielen Schichten gebackenen Pfannkuchen in Form einer Sonne mit sehr einfachen Zutaten: Mehl, Wasser, Butter, Sahne."

Das Besondere daran ist, Fli wird traditionell draußen an einer offenen Feuerstelle gebacken, mit einer Backglocke, auch Saç genannt. So soll sie auf einem runden Backblech aus Metall von unten nach oben backen. Die Zubereitung ist sehr aufwendig, man kann durchaus eine ganzen langen Tag damit beschäftigt sein, denn es sollen viele, kleine, feine Schichten gebacken werden und das Backblech aus Metall füllen, so Bledar Kola.

Das braucht Muse und Geduld.

Mein Schwager hat für unser Buch die Fli nach traditioneller Art zubereitet, aber im Backofen gebacken. Es war ein Gedicht, sage ich Ihnen.

Aber natürlich kenne auch ich Fli aus meiner Kindheit. Die Sommerbesuche im Dorf bei meiner Großmutter waren an Fli-Tagen ein Fest. Meine Schwester und ich haben Holz gesammelt, um eine Feuerstelle zu bauen, und den Teig verrührt. Wir durften sogar abwechselnd mit der Oma ein paar Schichten auf das Blech gießen.

Wenn uns der Hunger überkam und wir ungeduldig wurden, dann durften wir sogar ein paar gebackene Schichten aus dem Blech rausreißen. Man konnte

sich zwar schnell die Finger dabei verbrennen, aber das war es wert. Der Geschmack von Fli gebacken mit dem Saç ist unvergesslich.

Ernährungsberater raten allerdings davon ab, viel Fli zu essen, weil sie kaum Nährstoffe enthält. Fli besteht hauptsächlich aus Weizenmehl und Fett. Es ist förmlich ungesund, so viel davon zu essen. Man sollte es, wenn es geht, mit einem großen, grünen Salat kombinieren, oder das Weizenmehl durch Dinkelmehl ersetzen. Das bieten wir auch so an. Zudem haben wir die Butter durch ein hochwertiges Rapsöl mit Butteraroma ersetzt. Somit haben wir den Anteil an tierischen Fetten reduziert und trotzdem den Buttergeschmack beibehalten, was das ganze Gericht etwas bekömmlicher macht. Möglich sind natürlich auch andere Öle, zum Beispiel Sonnenblumenöl, welche man hoch erhitzen kann.

Und so geht unser Rezept

Zutaten für den Teig

250 Gramm Dinkelmehl (Typ 630)

250 Gramm Vollkorndinkelmehl

600 ml Wasser

50 Gramm Rapsöl mit Butteraroma

ein halber Teelöffel Salz

Zutaten für die Creme zum Backen

200 Gramm Sahne

200 Gramm Schmand

100 Gramm Frischkäse

50 Gramm Rapsöl mit Butteraroma

ein halber Teelöffel Salz

Zutaten für den Salat

ein Kopf Eichblattsalat

200 Gramm Rucola

zwei mittlere Karotten

eine große Birne

50 Gramm gehackte Walnüsse

200 Gramm Ziegen-Feta

eine kleine Zwiebel

4 Esslöffel Leinöl

zwei Esslöffel Essig (Balsamico Bianco)

Salz und Pfeffer zum Abschmecken

Dill zum Garnieren

Zubereitung

Den Backofen vorheizen auf Umluft mit Grill. Ein rundes Blech mit hohem Rand einfetten mit Rapsöl mit Butteraroma.

Die erste Schicht Teig auf das gefettete Blech geben und gleichmäßig dünn verteilen. Das kommt in den Backofen auf oberster Schiene, bis diese dünne Schicht leicht braun gebacken ist. Dies dient als Grundlage für alle weiteren Fli-Schichten, welche folgen. Dann nimmt man das Blech raus und streicht die Creme auf die gebackene Schicht. Nun fängt die eigentliche Herausforderung an. Es werden dünne Streifen Teig in Sonnenform mit einem Esslöffel draufgegeben, was wiederum gebacken wird. Wenn der Teig eine goldgelbe Farbe annimmt, kommt eine komplette Schicht Creme auf das Blech. Dies wird wiederum für 2–3 Minuten gebacken. Dann wird eine weitere Schicht Teig in Sonnenform aufgetragen. Immer versetzt zu der vorhergehenden Teigsonne.

Das Wechselspiel zwischen Creme und Teigschichten wird fortgesetzt, bis der Teig aufgebraucht ist. Es ist ganz wichtig, dass nach der Hälfte des Backens die Umluft ausgeschaltet wird, um die unteren Schichten nicht zu dunkel werden zu lassen. Die letzte und abschließende Schicht sollte schön knusprig gebacken werden.

Diese Prozedur hat bei uns mindestens zwei Stunden gedauert und macht locker vier Personen satt. Dazu empfehlen wir einen Blattsalat mit Walnüssen, Birnen und Ziegen-Feta-Käse.

Zubereitung für den Salat

Blattsalat und Rucola schneiden, Zwiebel würfeln, Karotten raspeln, die halbierte Birne in dünne Scheiben schneiden, alles in eine Schüssel geben. Käsewürfel und Walnüsse dazu, mit Olivenöl und Essig marinieren und mit Salz und Pfeffer abschmecken. Das Ganze mit Dill garnieren.

Mantia – Teigtaschen gefüllt mit Waldpilzen und einer Knoblauch-Minze-Joghurt-Soße

Mantia sind ein Fest für die gesamte Familie. Es sind kleine gefüllte Teigtaschen, die mit jedem Bissen einen neuen Geschmack im Mund erzeugen. Die Zubereitung lädt jeden dazu ein mitzumachen. Man formt kleine Teigtaschen, die man mit allem füllt, was das Herz begehrt: Schafskäse, Fleisch, Gemüse, oder wie in unserem Fall Waldpilze. Man sitzt gemeinsam an einem runden Tisch, formt die kleinen Teigtaschen und trinkt nebenher einen Tee oder Kaffee. Dabei entstehen die lustigsten und interessantesten Tischgespräche. Oft erzählten die Frauen in meiner Familie dabei Geschichten über ihre Arbeitskollegen, ihre Schwiegermütter, oder ganz einfach: Sie machten Witze über ihre Ehemänner.

Besonders wenn man Kinder beim Backen miteinbeziehen möchte, sind Mantia ein toller Tipp. Die Kids können am Tisch sitzen und die kleinen und runden Kügelchen formen, die sie nach Belieben füllen können. Für die Kleinen ist das ein Heidenspaß und viel schiefgehen kann dabei auch nicht.

Mantia gibt es fast überall auf dem Balkan, aber auch in Russland, der Ukraine, Usbekistan und Teilen Asiens. Selbst in China findet man sie in einer leicht abgewandelten Form. Heute sind sie fest zugeordnet in der türkischen Küche.

Durch das Osmanische Reich sollen sie auf dem Balkan verbreitet worden sein. Allerdings unterscheiden sich die türkischen Manti von der albanischen Mantia.

Im Gegensatz zu der türkischen Version sind die albanischen Mantia erheblich größer und werden im Backofen gebacken. Anschließend kommt eine Knoblauch-Joghurt-Soße darauf, die für eine Abkühlung auf der Zunge sorgt.

Und wer einen weiteren Frische-Kick haben möchte, der legt noch ein paar Minzblätter dazu. Das ist ein unvergessliches Erlebnis.

Und hier ist das Rezept

Zutaten für den Teig

500 Gramm Dinkelmehl (Typ 630)

300 ml Wasser

ein halber Teelöffel Salz

150 Gramm geschmolzene Butter zum Bestreichen

150 Gramm Naturjoghurt

eine Prise Salz

Knoblauch nach Belieben

2 Esslöffel Olivenöl

Minzblätter zum Ausgarnieren

Zutaten für die Füllung der Mantia

200 Gramm Kräuterseitlinge

eine kleine Zwiebel

4 Esslöffel Rapsöl

100 Gramm getrocknete Waldpilze (frische Waldpilze eignen sich am besten, allerdings muss man schauen, wie sie saisonal zu finden sind; außerhalb der Saison kann man auf getrocknete Waldpilze zurückgreifen, so wie wir das machen)

150 ml Hafermilch

75 Gramm Reismehl

Msp Salz

Pfeffer, Muskat zum Abschmecken

ein paar Blätter frischer Salbei

Zubereitung für die Füllung

Trockene Waldpilze für 10 Minuten in Wasser einweichen. Die Zwiebel in kleine Würfel schneiden und anbraten. Kräuterseitlinge klein schneiden und dazugeben. Die eingeweichten Waldpilze abseihen und dazugeben. Mit Salz, Pfeffer, Muskat würzen. Mit Hafermilch ablöschen. Kurz aufkochen lassen und mit dem angerührten Reismehl abbinden, so dass eine feste Füllung entsteht. Den gezupften Salbei dazugeben und die Pilzfüllung zum Abkühlen beiseitestellen.

Zubereitung für den Mantia-Teig

Mehl, Wasser und Salz zu einem geschmeidigen Teig verrühren und gut durchkneten. Den Teig etwa zwanzig Minuten ruhen lassen. Danach nochmals kurz durchkneten. Den Teig halbieren und ausrollen, mit Butter bestreichen und in kleine Quadrate schneiden. Etwa einen Esslöffel Füllung auf ein Quadrat geben und daraus eine Teigtasche formen. Bei uns sehen die Teigtaschen rund aus. Die einzelnen Mantia werden reihenweise auf ein gefettetes Backblech verteilt, mit der Öffnung nach unten.

Der Vorgang wird so lange wiederholt und mit der zweiten Kugel Teig fortgesetzt, bis die Füllung aufgebraucht ist. Die Mantia auf dem Blech gut mit Butter bestreichen und in den vorgeheizten Ofen geben, bei 180 Grad für etwa 30–40 Minuten backen.

In der Zwischenzeit wird der Naturjoghurt mit zwei feingehackten Knoblauchzehen, dem Olivenöl und einer Prise Salz verrührt.

Die gebackenen Mantia auf einem Teller anrichten, mit der Joghurtsoße und mit Minze garnieren.

Pire – Kürbis-Maronen-Püree mit einem Ragout aus Wurzelgemüse

Der Kürbis hat seinen Ursprung in Mittel- bzw. Südamerika. Man sagt, dass die Ureinwohner Amerikas zunächst nur die ölhaltigen Kerne der Kürbisse benutzt haben, später dann auch das Fruchtfleisch gegessen haben. Ab dem 16. Jahrhundert konnte man den Kürbis auch in Europa finden. Da der Kürbis Wärme und Sonne liebt, ist der Kosovo der perfekte Ort zum Wachsen und Gedeihen. Meine Großmutter, die mit ihrem Bauernhof alle Hände voll zu tun hatte, ließ es sich nicht nehmen, ihren Garten einzurichten mit Kürbissen, Tomaten, Paprika, Zwiebeln und Kartoffeln. An kalten Herbsttagen wurde der Kürbis im Ofen gebacken, gemeinsam mit Maronen. Das diente als Snack zwischen Mittagessen und Abendessen. Bei den Besuchen bei meiner Oma im Dorf habe ich den gebackenen Kürbis nicht gerne gegessen. Er schmeckte so nass, fädig und komisch süß. Das alles passte in meinem Mund überhaupt nicht zusammen.

Um mir den Kürbis trotzdem schmackhaft zu machen, hat meine Großmutter daraus ein Püree kreiert. Den gebackenen Kürbis und die gebackenen Maronen hat sie in einer Schüssel zerdrückt. Butter, warme Milch, Salz, Pfeffer und *Vegeta (jugoslawisches Gewürz)* hinzugefügt. Dabei entstand eine cremige Masse, die ich mit Genuss verspeist habe. Und so habe ich seit Kindertagen meine eigene Speise: mein Kürbis-Maronen-Püree.

Wir essen heute diese Speise gerne mit einem Ragout aus Wurzelgemüse. Die süße des Pürees und der nussige, erdige Geschmack im Wurzelgemüse sind eine perfekte Kombination.

Dazu passt ein leckerer Weißwein ganz wunderbar. Es ist das perfekte Gericht für einen kalten Tag.

Kürbis ist reich an allen möglichen Vitaminen, angefangen von Vitamin C, Eisen, Magnesium, sowie reich an Ballaststoffen. Er regt die Verdauung an, ist kalorienarm und macht schöne Haut. Letzteres behauptete zumindest meine Oma.

Ähnlich verhält es sich mit Maronen. Sie sind eine gesunde Delikatesse. Viele denken zwar, Maronen machen dick, weil sie viele Kohlenhydrate enthalten, aber so ganz stimmt das nicht. Maronen haben wenig Fett, einen hohen Wassergehalt, mehr Eiweiß, als man vermutet, und sie sind voll mit Aminosäuren. Sie enthalten Kalium und Calcium, Magnesium, Vitamine und Eisen.

Für viele Menschen auf dem Balkan waren Maronen neben weißen Bohnen, Kartoffeln und Mais lange Zeit ein Grundnahrungsmittel. Maronen konnten mit Kartoffeln oder Kürbissen zu Püree oder Suppe weiterverarbeitet werden.

Aus Maronen konnte man Mehl herstellen und zum Brotbacken mitverwenden. Sie waren sehr vielfältig einsetzbar. Nicht umsonst nannte man die Kastanie

lange Zeit „das Brot der Armen Leute", denn mit den Kastanien konnte man viele Menschen ernähren. Und zwar nicht nur auf dem Balkan.

Bis Ende des 19. Jahrhunderts ernährten sich viele Menschen in Portugal, Spanien, Frankreich und Italien von Maronen bzw. Esskastanien.

Heute werden Kastanien gerne auf dem Weihnachtsmarkt angeboten. Ob gebraten, gekocht oder gebacken, Maronen sind ein Genuss. Als Beilage zu Gemüse, als Suppe oder als Püree. Mit Maronen kann man nichts falsch machen.

Und hier geht's zum Rezept:

Zutaten für das Kürbis-Maronen-Püree:

Einen mittleren Hokkaido

300 Gramm gegarte Maronen

400 ml Wasser

Hafermilch nach Bedarf

50 Gramm Butter

Salz, Pfeffer und Muskat zum Würzen

Zutaten für das Gemüseragout

Zwei kleine Karotten

eine Pastinake

eine halbe Knolle Sellerie

eine Petersilienwurzel

eine kleine Zwiebel

eine kleine Stange Lauch

5 Esslöffel Rapsöl

200 ml Hafermilch

70 Gramm Reismehl

ein halber Teelöffel Salz

Msp Pfeffer

Msp Muskat

ein Teelöffel Kräutermischung nach Hildegard von Bingen
Petersilie zum Garnieren

Zubereitung für das Kürbis-Maronen-Püree

Den Hokkaido klein schneiden und in Wasser mit einer Prise Salz kochen. Damit das Püree nicht zu flüssig wird, sollte man beim Kochen nicht zu viel Wasser nehmen. Die Maronen dazugeben und mitkochen. Ist der Kürbis weich, wird das Ganze mit Butter zerstampft und mit Salz, Pfeffer und Muskat abgeschmeckt. Für eine noch cremigere Konsistenz kann man etwas Hafermilch dazugeben.

Zubereitung für das Gemüseragout

Die Zwiebel klein schneiden und in Öl kurz anschwitzen. Karotten, Pastinake, Sellerie, Petersilienwurzel, Lauch würfeln und mit zu den Zwiebeln geben. Das Ganze dünsten, bis das Gemüse weich ist. Mit Hafermilch ablöschen. Salz und Gewürze dazugeben und mit dem eingerührten Reismehl abbinden. Kurz aufkochen lassen und zum Püree dazu servieren. Mit feingehackter Petersilie dekorieren. Guten Appetit.

Eine Einführung in die Brotkultur der Albaner

Bukë, e krip, e zemër – Brot, Salz und Herz ist wohl bezeichnend für die Seele der Albaner als ein Volk, das Gäste willkommen heißt und großzügig alles mit ihnen teilt. Diese Bezeichnung geht zurück auf eine Zeit, in der die Albaner in den Bergen lebten, streng nach dem Kanun, dem albanischen Gewohnheitsrecht. Die Gastfreundschaft ist eines der Hauptsäulen des Kanuns, darin ist festgehalten, dass der Gast König ist.

Das Brot hat in der albanischen Kultur Alleinstellungsmerkmal. Es war lange Zeit Grundnahrungsmittel. Ob Maisbrot *(Bukë e kallamojt),* Brotgebäck *(Pogaqë),* oder Hörnchen *(Kifle)* – das Brot ist den Albanern heilig.

Oft ersetzt das Wort *„Bukë"*, ins Deutsche übersetzt *„Brot"*, Begriffe wie „Mittagessen" oder „Abendessen". Dann heißt es noch heute im alltäglichen Umgang: *„A ke honger Bukë"* anstatt *„Hast Du schon zu Mittag gegessen?"*
Albaner vor allem im Kosovo haben eine besondere soziokulturelle Bindung zu ihrem Brot.

Selbst Charaktereigenschaften eines Menschen werden mit dem Begriff *„Brot"*, also *„Bukë"* umschrieben. So sagten meine Großväter oft in Gesprächen über Freunde oder Verwandte: *„Ai nuk është bukëpermys"*, das sollte bedeuten: *„Er ist nicht undankbar."*

Oder Sätze, wie *„S'na lshoj pa bukë"*, *„Er hat uns nicht gehen lassen ohne Mittag- oder Abendessen."* Den Gästen Essen anzubieten, ist die höchste Form der Anerkennung und Respekts.

Selbst in Konfliktsituationen kommt das Brot zum Einsatz: *„Ne bukën time"*, soll heißen: *„Auf meine Kosten tust Du das oder jenes."*
Das Brot ist also auch ein Leitfaden des ethischen Verhaltens der Albaner, es ernährt nicht nur den Körper, sondern auch den Geist und die Seele.

Meine Beobachtung bestätigt auch der Autor Arsim Canolli seinem Buch „Flija".
Die Brote, die mein Schwager und ich nachgebacken haben, findet man überall im Kosovo. Sie sind leicht herzustellen mit erdenklich wenigen Zutaten und sie sind in der Zubereitung schnell. Man kann sie zum Frühstück, Mittag- oder Abendessen backen und sie süß oder salzig genießen.
Ich empfehle die Pogatsche *Pogaqë* mit dem berühmten Paprika-Dip meiner Großmutter.

Wenn Sie diese Kombination probiert haben, werden Sie nie wieder was anderes essen.

Pogaqë – Brotgebäck mit einem traditionellen Paprika-Dip

Pogaqë ist ein Brot mit Joghurt, das bei den Albanern große Beliebtheit genießt und Ähnlichkeit hat mit dem irischen Brot *„Irish Soda Bread"*. Dieses Brot wird weder mit Hefe noch mit Sauerteig hergestellt. Statt Hefe verwendet man entweder Backpulver oder Natron. Man kann sich das aussuchen, wie man möchte. Wenn man Natron verwendet, dann bekommt dieses Brot eine schöne gelbe Farbe. Das sieht so aus, als hätte man Safran in den Teig reingemischt. Bei uns in der Familie nennt man die *Pogaqë* auch das Brot für Eilige. Weil es wirklich sehr schnell geht und man nur ein paar Zutaten braucht:

Mehl, Natron, Salz und Joghurt.

Ob die Pogaqë ihren Ursprung in Irland hat, oder aus Ungarn kommt, oder ob dieses Brot vielleicht immer schon auf dem Balkan gebacken wurde, das wissen wir nicht. Einige Schriften vermuten, es wurde von den Osmanen auf den Balkan gebracht. Der Legende zufolge sollen die Uskoken, die aus osmanisch besetzen Gebieten stammen, dieses Rezept im 15. oder 16. Jahrhundert mitgebracht haben, als sie sich in Slowenien niederließen.

Einige Stimmen sagen sogar, das Wort *Pogatsche* leitet sich ab von dem italienischen Wort *Focaccio* oder dem französischen Wort *Fougasse.* Wir müssen zugegeben, die Ähnlichkeit dieser Brote ist verblüffend, die Aussprache auch. Mehr Beweise dafür haben wir allerdings nicht gefunden.

Slowenien hat jedenfalls seine Pogače als besondere Spezialität von der EU schützen lassen. Das slowenische Rezept enthält im Gegensatz zu der albanischen Version Weizenmehl, Hefe, Wasser, Salz und Kümmel. Bevor es aufgebacken wird, wird der Teig mit Salz bestrichen und mit Kümmel bestreut, sowie in kleine und feine Quadrate geschnitten. Es soll so nach dem Backen gut und leicht zu brechen sein. Das Brot wird in Slowenien gerne für religiöse Feste und Familienfeiern gebacken.

Fakt ist, viele Völker auf dem Balkan lieben dieses Brot und bereiten es ganz unterschiedlich zu. Die einen füllen es mit Schafskäse, andere wiederum mit Kartoffeln oder Kräutern. Und ganz andere wiederum bilden daraus kleine, runde Brötchen.

Meine Großmütter haben dieses Brot sehr oft hergestellt. Oft wurde die Pogaqë in unserer Familie am Wochenende gebacken, wenn alle Familienmitglieder beisammen waren. Der Geruch und der Geschmack sind unverwechselbar. Sie schmeckt wie ein leckerer Keks, den man sowohl mit Käse als auch mit Marmelade oder Schokocreme bestreichen kann.

Die Pogaqë gehört bis heute zu meinen Lieblingsbroten. Der Geschmack versetzt mich sofort in meine Kindheit, in eine unbeschwerte Zeit in Freude und Geborgenheit.

Mein Schwager und ich fügen zu den Zutaten noch etwas Mineralwasser hinzu. Das Wasser macht den

Teig fluffig und lässt ihn gut im Ofen aufgehen.

Ähnlich wie die Fli bietet die Pogaqë unter den Albanern eine hohe Form des Respekts und der Anerkennung, wenn sie den Gästen angeboten wird.

Das Brot hat eine runde Form und in Ungarn zum Beispiel eine starke symbolische Bedeutung:

In einigen Regionen durfte die Pogaqë (ungarisch: *Pogácsa)* nach der Ernte nur von einem Schamanen gebacken werden, der dieses Brot mit Heilkräutern füllte. Durch die Kräuter sollte das Brot heilende Kräfte bekommen. Noch heute wird in ungarischen Volksmärchen den Menschen, die auf Wanderschaft gehen, in Asche gebackene Pogatsche *(hamuban sült pogácsa)* mitgegeben. In vielen Lokalen, aber auch Familien dort wird die Pogácsa bis heute gefüllt mit Speck zum Wein angeboten.

In Slowenien soll sogar die Pogača, ähnlich wie die bei den Albanern im Kosovo, die höchste Form des Respekts Gästen gegenüber dargestellt haben. Man sagt, slowenische Kinder mussten auch geduldig warten, wenn ihre Mütter dieses Brot backten. Erst wurde dies den Gästen geboten, bevor die Kinder davon essen durften. Es soll sogar ein Volkslied in Slowenien geben, das von dieser Brotsorte handelt.

Es gibt etliche volkstümliche Traditionen in Verbindung mit der Pogaqë, überall wo sie gegessen wird, daran sieht man, wie beliebt dieses Brot doch ist.

Am besten schmeckt die Pogaqë in einer Kombination mit dem Paprika-Rahm-Dip meiner Großmutter.

Die Liebe zur Paprika kennt im Kosovo keine Grenzen. Ob frisch, gebacken, püriert, gegrillt, geschmort, gefüllt oder eingelegt, die Paprika ist im Kosovo unersetzlich. Man liebt die rote Spitzpaprika, die geschmort mit Rahm und Sahne ganz außergewöhnlich schmeckt. Um die Paprika gibt es ähnlich wie um die Pogaqë viele volkstümliche Erzählungen.

Zum Beispiel erzählt man sich auf dem Balkan, dass die ersten Paprikapflanzen erst mit den Türken ins Land kamen. Im Osmanischen Reich sollen die Türken die Paprika in ihren Gärten gezüchtet haben, unter strenger Beobachtung. In einigen Ländern, wie in Ungarn zum Beispiel, soll man sogar mit Enthauptung gedroht haben, falls man es gewagt hätte, die Paprika für eigene Zwecke anzubauen.

Heutzutage ist die Paprika aus vielen Speisen im Kosovo und auf dem gesamten Balkan nicht wegzudenken. Paprikapulver in Form einer Mehlschwitze mit Zwiebeln und Knoblauch ist die Grundbasis fast jeder Soße. Auch unser Dip kommt ohne Paprika und Paprikapulver nicht aus.

Probieren sie die Pogaqë bzw. die Pogatsche mit dem Paprika-Rahm-Dip aus, Sie werden begeistert sein.

Und so geht unser Rezept:

Zutaten für Pogaqë:

500 Gramm Mehl

300 Gramm Joghurt

100 Gramm Mineralwasser

ein Teelöffel Natron

ein Teelöffel Salz

Öl zum Einfetten der Form

Die Zutaten für den Paprika-Rahm-Dip

drei Spitzpaprika

zwei Esslöffel Öl,
ein gutes Stück Butter

ein Teelöffel Paprikapulver

½ Teelöffel Salz

½ Teelöffel Knoblauchpulver

ein Becher Schmand und

150 Gramm Sahne

Zubereitung für Pogaqë

Den Joghurt mit dem Wasser, dem Natron und dem Salz vermischen. Dann das Mehl dazugeben und zu einem Teig verrühren. Diesen gut durchkneten und ca. 15 Minuten zugedeckt ruhen lassen. Danach die Teigkugel leicht andrücken und einen dicken Fladen daraus formen. Diesen Fladen auf ein vorgefettetes Backblech legen und mit einer Gabel an der Oberfläche perforieren. In den vorgeheizten Ofen geben und bei 220 Grad gold-braun backen.

Die Zubereitung des Paprika-Rahm-Dips

Paprika in feiner Würfel schneiden und in Butter langsam anbraten. Sind die Würfel weich, gibt man das Paprikapulver dazu und röstet es kurz mit an. Dann mit Sahne ablöschen und den Schmand dazugeben. Das Ganze mit Salz und Knoblauchpulver abschmecken. Bei niedriger Temperatur ca. 10 Minuten ziehen lassen und zum Pogaqë servieren.

Bukë e kallamoj – Maisbrot

Kultstatus hat aber das Maisbrot *Bukë e kallamojt.*

Das Maisbrot geht zurück auf eine Zeit, als Weizenmehl nicht erschwinglich war für die Albaner. So backten sie, ähnlich wie die Ureinwohner Amerikas, Brot aus Maismehl. Im Kosovo wurde viel Mais angebaut und gemahlen. Vor allem Familien, die im ländlichen Gebiet lebten, hatten jede Menge davon. So vermischten sie Wasser, Maismehl, Salz zu einer Masse, die dann gebacken wurde. Da die Konsistenz dieses Teiges sehr flüssig ist, eignet sich eine Kuchenform besser dafür. Meine Mama backt dieses Brot noch heute gerne zum Frühstück. Der süß-salzige Geschmack ist unvergesslich. Allerdings mischt sie das Maismehl mit Joghurt, Eiern, Backpulver, Butter, Salz und etwas Zucker. Hin und wieder fügt sie auch Weizenmehl hinzu. In Verbindung mit Weizenmehl hat das albanische Maisbrot Ähnlichkeit mit dem amerikanischen *Cornbread.* Bei meinem Aufenthalt in den USA habe ich erlebt, wie beliebt das Maisbrot war, besonders an *Thanksgiving.* Dort wurde es als Beilage zu Fleisch oder Suppen angeboten.

Das Maisbrot nach albanischem Rezept kann fast jeder essen, insbesondere Menschen, die eine Allergie oder Gluten-Unverträglichkeit haben. Es reinigt den Magen-Darm-Trakt, ist reich an Vitamin B1 und kann sogar beim Abnehmen helfen. Im Kosovo wird das Maisbrot gerne als Beilage zu Eintöpfen, Reis oder eingelegtem Gemüse angeboten.

In meiner Familie essen wir es gerne mit Ayvar (würziger Paprika-Aufstrich), Schafskäse, eingelegtem Paprika oder ganz klassisch zu Eintöpfen.

Aber überzeugen Sie sich selbst.

Und hier geht's zum Rezept:

Die Zutaten für das Maisbrot

300 Gramm Maismehl
zwei Eier
100 Gramm Joghurt
100 Gramm Wasser
ein halber Teelöffel Salz
ein Teelöffel Backpulver
Butter zum Einfetten
100 Gramm Fetakäse

Die Zubereitung für das Maisbrot

Maismehl, Eier, Joghurt, Salz und Backpulver zu einem leicht flüssigen Teig vermischen. Je nach Bedarf Wasser hinzufügen. Der Teig sollte eine zähflüssige Konsistenz haben. Fetakäse reinbröseln und unterrühren. Die Masse in eine gefettete Auflaufform geben. Ca. 15–20 Minuten bei knapp 200 Grad goldgelb backen. Den Fetakäse kann man auch weglassen, stattdessen mischt man einen Teelöffel Zucker unter den Teig, so bekommt das Brot eine süße Note. Dazu passen gut Marmelade oder Schokoaufstriche.

Samëz – Blätterteiggebäck mit Knoblauch-Joghurt-Soße und einem bunten Blattsalat

Samëz ist meine albanische Antwort auf Focaccia. Es ist ein einfaches Brot, das vor dem Backen mit Butter und Salz bestrichen wird. Nach dem Backen kommt eine Knoblauch-JoghurtSoße auf das Brot. Das Ganze geht für ein paar Minuten erneut in den Ofen. Der Teig saugt die Soße auf wie ein Schwamm. Anschließend kann man darauf Kräuter nach Belieben verteilen. Ob Schnittlauch, Oregano oder Petersilie, alles, was schmeckt, kann und darf drauf. Meine Großmütter haben dieses Brot oft zum Abendessen gebacken, wenn sie Lust hatten auf Brot zum Salat. Dieses Brot ist eindeutig in einer Zeit entstanden, als die Albaner nicht viel zu essen hatten, denn es enthält erdenklich wenige Zutaten. Wasser, Salz, Mehl und ein paar geschickte Hände, die den Teig so lange massieren, bis er butterweich wird. Dieses Brot passt wunderbar zu einem Tomaten-Mozzarella-Salat, aber auch zu einem bunten Salat mit einem leckeren Kräuterdressing. Es ist die perfekte Speise für einen lauen Sommerabend mit Freunden und einer leckeren Bowle. Das Besondere daran ist, dass die Brotreste auch Tage danach weiterverwertet werden können. Man schneidet sie klein und schwenkt sie in einer Pfanne mit Butter bestrichen und lässt sie goldbraun werden. Anschließend kann man sie als Topping auf einer Suppe streuen oder auf einen frischen Salat. Grundsätzlich gilt für die Albaner aus dem Kosovo: Brot wird nicht weggeschmissen. Also gibt es etliche Methoden, wie altes Brot oder Brotreste wiederverwertet werden.

Hier geht es zum Rezept

Zutaten für Samëz

500 Gramm Dinkelmehl

ein Teelöffel Salz

300 ml Wasser

Butter zum Fetten

150 Gramm Joghurt

zwei Knoblauchzehen

eine Prise Salz

Zutaten für den bunten Salat

ein halber Kopf Endivie und ein halber Kopf Eisblattsalat

ein Bund Radieschen

eine halbe Gurke

eine rote und eine gelbe Paprika

Kornblumenblüten und Ringelblumenblüten

4 Esslöffel Leinöl

2 Esslöffel Balsamico Bianco

Salz und Pfeffer zum Würzen

Zubereitung für Samëz

Mehl, Salz und Wasser zu einem festen Teig verrühren. Den Teig 20 Minuten ruhen lassen. Danach erneut gut durchkneten und zu einer dünnen Schicht ausrollen. Der Teig wird in Sonnenform geschnitten mit ca. 8-10 Strahlen. Diese werden mit Butter bestrichen und zur Mitte hin umgeklappt. Nach einer kurzen Ruhepause wird der Teigstapel gleichmäßig mit den Händen in Blechgröße geformt. Das kommt in den vorgeheizten Ofen für 20–30 Minuten. In der Zwischenzeit wird der Joghurt mit dem gepressten Knoblauch und einer Prise Salz vermischt. Kurz vor Ende der Backzeit wird das Brot mit dem Joghurt bestrichen und fertig gebacken. So bekommt der Teig eine besondere Konsistenz. Die Oberfläche ist weich und unten knusprig. Kurz vor dem Servieren werden die Kräuter drübergestreut. Petersilie in unserem Fall. Dazu passt ein Blattsalat wunderbar.

Zubereitung für den bunten Blattsalat

Den geschnittenen Blattsalat mit dem geschnittenen Gemüse vermischen. Mit Essig und Öl marinieren. Mit Salz und Pfeffer abschmecken. Kornblumenblüten und Ringelblumenblüten darüberstreuen, sie sprechen das Auge an und geben dem Salat eine frisch-blumige Note.

Kifle – gefüllte Hörnchen mit Käse und Hagebuttenmarmelade

Kein anderes Fingerfood weckt meine Nostalgie an das Leben in Prishtina, wie Kifle. Das sind Hefegebäckhörnchen, die überall als Snack verkauft werden und als eine typische Balkan-Speise gelten. Kifle isst man gerne zum Frühstück, als Vorspeise oder als Snack zwischendurch. Man kann sie süß und salzig füllen, sie aber auch im neutralen Geschmack anbieten. Dann sind sie erst recht multifunktional einsetzbar. Ob als Hot-Dog-Vorlage oder einfach mit Käse, Marmelade oder Schokolade belegt, man kann sie mit allem essen, was das Herz begehrt. Sie passen sogar zu Suppen und Eintöpfen, sind beliebt bei Groß und Klein und haben mehrere Spitznamen. Mal heißen sie: Jugo-Kifle, mal Balkanhörnchen, mal Kiflice. Es ist eigentlich egal, wie sie heißen, denn sie schmecken ganz wunderbar. Der Teig ist so fluffig und weich, dass man das Gefühl hat, dieser zergeht im Mund.

An die Herstellung von Kifle habe ich die lebhaftesten Erinnerungen aus meiner Kindheit. Wenn wir unsere Oma besuchten, die in Südserbien in der Stadt lebte, und meine Schwester und ich eine Beschäftigung brauchten, dann hat die Oma mit uns Kifle gebacken. So wurde ihr schöner Garten in eine kleine Bäckerei umgewandelt. Vorausgesetzt es war warum genug, damit der Hefeteig schneller gehen konnte. Meine Schwester und ich liefen immer wieder in die Küche und holten alle Zutaten in den Garten: Milch, Hefe, Zucker, Mehl, Eier. In einer Schüssel vermischten wir alle Zutaten. Die eine schlug die Eier mit der Milch, die andere fügte den Zucker hinzu, die Oma zerbröckelte die Hefe und knetete den Teig. Dafür hatten wir nicht genug Kraft. Aber als dann aus dem Hefeteig kleine Kügelchen geformt wurden, die wir dann ausrollen und mit Leckereien füllen durften, waren wir überglücklich. Wir füllten die Kifle mit Schafskäse, Schokolade oder Hagebuttenmarmelade und konnten es kaum abwarten, diese zu probieren. Auf einem Backblech passten 30 Stück Kifle, das machte uns besonders stolz, denn es erschien uns auf den ersten Blick sehr viel. Einen Tag später hatten wir über die Hälfte davon verputzt. Man sollte großzügig beim Backen sein. Man wird sich wundern, wie wenig Kifle am nächsten Tag übrigbleiben werden, egal wie viele man gebacken hat.

Und so geht unser Rezept

Zutaten für Kifle

500 g Dinkelmehl (Typ 630)

200 ml warme Milch

20 Gramm Hefe

ein Ei

2 Esslöffel Rapsöl

Teelöffel Salz und
ein Teelöffel Zucker

100 Gramm Sesam
zum Bestreuen

100 g zerlassene Butter
zum Bestreichen

Zutaten für die Füllung

150 Gramm Feta

150 Gramm
Hagebuttenmarmelade

Zubereitung

Hefe in Zucker und Milch auflösen und ca. 15 Minuten ruhen lassen. Mehl, Ei, Salz verrühren und die Milch mit der Hefe und das Öl dazugeben. Daraus einen Teig kneten und für ca. 45 Minuten an einem warmen Ort gehen lassen. Den Teig noch einmal kurz durchkneten. Daraus ca. 30 kleine Kügelchen formen. Jede Kugel auf einer bemehlten Arbeitsfläche dünn ausrollen (in Form einer Mini-Pizza), nach Belieben belegen und die Füllung in den Teig einrollen, dass ein Hörnchen entsteht. Den Vorgang so lange wiederholen, bis kein Teig mehr übrig ist.
Die Hörnchen auf ein gefettetes Blech geben, mit Butter bestreichen, mit Sesam bestreuen und im vorgeheizten Backofen bei 180 Grad ca. 20 Minuten backen.

Gurabia – Gebäck mit Hüttenkäse oder Marmelade

Gurabia oder Gurabije sind im ehemaligen Jugoslawien bekannt als Teegebäck und sollen eine Ähnlichkeit aufweisen zu dem schottischen *Shortbread*. Allerdings gibt es auch davon unterschiedliche Varianten auf dem Balkan. So sind die bosnischen Gurabije flach und sollen einen Zuckerwürfel in der Mitte haben, während die albanischen Gurabia eher wie Brötchen aussehen und Ähnlichkeit haben mit den britischen *Scones*. Sie unterscheiden sich auch im Geschmack kaum von den Scones. So wurden die Gurabia bei meinen Großmüttern nicht nur zum Frühstück angeboten, sondern auch zum Nachmittagstee oder einfach als Snack zwischendurch. Sie waren vor allem für Hausfrauen eine dankbare Speise. Kündigten sich Gäste an und man hatte nichts Süßes zum Tee anzubieten, dann waren die Gurabia das Blitz-Rezept: Mehl, Eier, etwas Zucker, Joghurt. Daraus machte man einen Teig und formte daraus kleine runde Kügelchen, die bei mittlerer Temperatur gebacken wurden.

Als wir das Rezept im Notizheft meiner Mutter fanden, wollten mein Schwager und ich das unbedingt ausprobieren und es im Buch aufnehmen.

Wir finden den Geschmack interessant, zumal man die Gurabia auch wirklich gut als Proviant mitnehmen kann. Egal ob zum Wandern, Picknicken oder einfach als Mitbringsel auf einer Party, sie lassen sich gut transportieren und sind ein Hingucker.

Dieses Teegebäck geht zurück auf die osmanischen Eroberer auf dem Balkan. Unter den Osmanen waren Gurabia eine beliebte Delikatesse. Noch heute sind sich die Experten nicht einig darüber, woher das Wort und die Speise wirklich kommen. Einige Stimmen sagen, es hat persischen Ursprung, anderer wiederum sagen, es ist fest der arabischen Kultur zuzuordnen, und andere wiederum sagen, es ist schon immer Teil der osmanischen Küche gewesen.

Als wir die Gurabia gebacken haben, waren wir ganz überrascht, wie weich sie wurden und wie gut sie schmecken. Wenn es nach uns ginge, müssten die Gurabia im Sortiment jeder Bäckerei in Deutschland aufgenommen werden.

Wir machen darauf ganz klassisch Hüttenkäse und Marmelade. Aber auch Butter, Honig oder Kräuterquark passen sehr gut darauf.

Wie empfehlen sie unbedingt zum Frühstück.

Um die Gurabia gibt es im Kosovo natürlich auch volkstümliche Erzählungen. So hieß es früher, wie die Gurabia, so auch die Frau des Hauses. Also gaben sich die Frauen besonders viel Mühe beim Backen. Das Gebäck sollte nicht nur ansprechend aussehen, sondern auch sehr gut schmecken. Denn dann blieb man als Frau bei den Gästen für eine Ewigkeit in Erinnerung.

In Bosnien soll die Gurabia die Form eines runden Keks haben und in die Mitte einen Zuckerwürfel gesetzt bekommen. Da das Gebäck dort wie gewöhnlich mit türkischem Kaffee angeboten wurde, sollte der Zucker dazu dienen, den Kaffee zu versüßen, so zumindest die Legende.

Hier das Rezept

Zutaten für Gurabia

800 Gramm Dinkelmehl (Typ 630)

zwei Eier

150 g Joghurt

ein Teelöffel Natron

ein Esslöffel Zucker

eine Prise Bourbon-Vanille

Zubereitung für die Gurabia

Joghurt, Eier, Zucker und Natron mit der Küchenmaschine aufschlagen, dass eine leichtschaumige Konsistenz entsteht. Während des Rührens das Mehl langsam dazugeben. Es entsteht eine Teigmasse, die auf einer bemehlten Arbeitsfläche gut mit den Händen durchgeknetet wird. Der Teig wird in zwei Hälften geteilt. Eine Hälfte wird noch einmal durchgeknetet und zu einem Strang gerollt. Davon werden gleichmäßige Teiglinge abgeschnitten, welche zu Kügelchen geformt werden. Diese kommen nacheinander auf ein gefettetes Backblech. Wenn das Blech voll ist, werden die Teiglinge einen Zentimeter tief kreuzförmig eingeschnitten. Das hat den Effekt, dass die Oberfläche der Gurabia gleichmäßig aufgeht und nicht einreißt. Bei 200 Grad werden sie 20 Minuten lang gebacken. Danach sehen sie aus wie Brötchen frisch vom Bäcker.

Revani – Kuchen mit Kokos und Zitronensorbet

Revani ist wohl die süßeste Versuchung aller Speisen im Kosovo. Durchtränkt von Sirup, mit Pistazien und Kokos bestreut, ist Revani ein Gaumenerlebnis der besonderen Art. Seine saftige Konsistenz ist unvergleichbar lecker.

Allerspätestens bei einem Griechenlandurlaub lernt man diese Nachspeise lieben. Dort wird Revani aus Grieß hergestellt und schmeckt für mich wie ein fest gewordener Grießpudding mit Vanillegeschmack. Auch diese Speise ist überall auf dem Balkan zu finden. Die Zubereitung unterscheidet sich von Land zu Land. Mal benutzt man Grieß dafür, mal Joghurt und Weizenmehl, dann wiederum fügt man geriebene Zitrone oder Orange in den Teig. In manchen Regionen, wie zum Beispiel in der Türkei, befeuchtet man den gebackenen Teig sogar mit Rosenwasser.

Revani ist unter den Albanern im Kosovo, wie in der Türkei, ein beliebtes Bayram-Gericht. Da die meisten Albaner im Kosovo Muslime sind, wird das Zuckerfest, der Bayram, fürstlich gefeiert. Neben Baklava ist Revani eine süße Speise, die an Bayram nicht fehlen darf. Denn das wäre fast eine Beleidigung an das Fest, das nicht umsonst Zuckerfest heißt.

Die genaue Herkunft dieses Kuchens ist leider nicht bekannt, wir wissen nur, dass diese Süßspeise überall im Orient gebacken wird. Im arabischen Raum nennt man sie Basbausa. Dort wird sie ebenfalls aus Grieß hergestellt.

Manche Schriften bringen die Revani mit dem in Istanbul lebenden Poeten Ravani in Verbindung. Ein Mann, der während des 16. Jahrhunderts dort lebte und ziemlich bekannt war für seinen hedonistischen Lebensstil. Als Freigeist liebte er es zu schlemmen und schrieb sogar viele Gedichte übers Essen und den Genuss an sich. Er soll zwar nicht direkt ein Gedicht zu Revani geschrieben haben, aber, weil er dem Essen so viele Zeilen widmete, benannte man diese Speise nach ihm. So weit die Legende.

Das Backen der Revani ist ein Highlight und bedarf einer „guten Hand“, wie meine Großmutter väterlicherseits zu sagen pflegte. Für den Teig werden mindestens sechs Eier verarbeitet und da die Oma auf ihrem Bauernhof kein Handrührgerät hatte, musste sie die Eier und den Zucker mit Hilfe eines Schneebesens verrühren. Bis daraus eine fluffige Masse wurde, dauerte es fast eine Stunde. Dann fügte sie zu der Ei-Masse die restlichen Zutaten hinzu und schob den Teig für mindestens zwanzig Minuten in den Ofen. Dann stellte sie einen Sirup her aus Zucker und Zitronensaft, mit dem sie den Kuchen nach dem Backen befeuchtete.

Hier fängt für uns auch das Spiel an. Mein Schwager und ich machen einen Teig aus Eiern, Mehl, Grieß, Öl, Zucker. Für den besonderen Geschmack hat sich mein Schwager überlegt, Zuckerrübensirup zu verwenden und damit den gebackenen Teig zu befeuchten. Anschließend kommen Kokosraspeln darauf. Um die Süße zu brechen, bieten wir die Revani mit einer Kugel Zitronensorbet an. Die Kombination kam bei Freunden und Verwandten wunderbar an.

Und hier geht's zum Rezept

Zutaten für die Revani

200 Gramm Dinkelmehl (Typ 530)

50 Buchweizengrieß

3 Eier

150 Gramm Zucker

150 Gramm Öl

halber Teelöffel Backpulver

eine Prise Vanille

50 Gramm Kokosraspeln zum Drüberstreuen

Zutaten für den Sirup

200 Gramm Zuckerrübensirup

Saft einer halben Zitrone

Minze zum Garnieren

Zubereitung der Revani

Eier, Zucker, Vanille werden mit der Küchenmaschine schaumig geschlagen. Dann kommt das Öl dazu. Währenddessen werden das Mehl und der Grieß untergerührt. Die flüssige Masse kommt in eine gefettete Auflaufform und wird für 20 Minuten bei 200 Grad gebacken. Nach dem Backen wird die Oberfläche mit einem Holzspieß perforiert und in gleichmäßige Quadrate geschnitten, damit der Teig sich mit dem Sirup vollsaugen kann. Den Zuckerrübensirup mit dem Saft der halben Zitrone und evtl. etwas Wasser verdünnen und auf dem noch warmen Teig verteilen. Kokosraspeln drauf und auskühlen lassen. Anschließend mit Sorbet servieren und mit Minze garnieren.

Trileçe – Milch-Karamell-Kuchen

Trileçe ist ein Milchkuchen, bestehend aus einem Biskuitteig, der nach dem Backen mit drei verschiedenen Milchsorten getränkt wird. Milch, Kondensmilch und Sahne.

Nachdem der Kuchen in Milch gebadet hat, wird dieser mit einer Karamellsoße überzogen. In einigen Ländern Südamerikas kommt Sahne oben drauf oder eine Art Baiser mit Obst. Je nach Land, je nach Region, wird dieser Kuchen unterschiedlich zubereitet.

Machen wir uns nichts vor, diese Süßspeise ist eine Kalorienbombe. Aber eine Kalorienbombe, die es sich lohnt zu probieren. Sie ist der perfekte Nachtisch nach einem scharfen Essen. Es stabilisiert die Zunge und befriedigt den Gaumen.

Wenn man ehrlich ist, hat Trileçe Ähnlichkeit mit einem guten Popsong, der schnell zu einem Hit wird. Ähnlich wie bei einem Hit fragt man sich bei der Trileçe, wer hat die Zutaten so gut miteinander kombiniert, dass sie so ausgezeichnet schmecken und sie niemand so schnell vergisst?

So genau weiß man es leider bei diesem Milchkuchen nicht.

Der Originalname „Tres leches" ist spanisch und bedeutet drei Milchsorten. Dem Namen nach könnte diese Speise aus Spanien, Venezuela, Nicaragua oder Mexiko kommen.

In der Tat hat dieser Milchkuchen Kultstatus in Lateinamerika.

Wie es dazu kam, dass dieser Kuchen so viele Herzen im Kosovo, aber auch in der Türkei eroberte, ist uns nicht bekannt.

Die Journalistin Patrica Sharpe, die regemäßig für „Texas Monthly" schrieb, will bewiesen haben, dass der Milchkuchen in Mexiko von einer kleinen Bäckerei erfunden wurde. Der Kuchen soll ein Muss auf jeder Hochzeits- oder Geburtstagsparty gewesen sein, vor allem in den 50er Jahren.

Gerüchten zufolge soll Nestlé diesen Kuchen ins Spiel gebracht haben. Die Firma wollte so ihre Kondensmilch in Lateinamerika besser verkaufen und das ging am besten, indem man einen Kuchen erfand, den man mit Kondensmilch befeuchten musste.

Eine Food-Bloggerin Namens Pack aus den USA ging der Nestlé-Geschichte nach und war überzeugt: Nestlé kann nicht der Erfinder sein, sonst hätten sie daraus ein Bombengeschäft gemacht und alle Patentrechte für sich erworben.

Food-Bloggerin Pack fand heraus, dass die Trileçe eine lange Tradition haben muss, die durch die koloniale mexikanische Geschichte bis ins mittelalterliche Europa zurückreicht. Laut Pack hat Tres leches Ähnlichkeit mit den eingeweichten Kuchen aus Europa.

Ein Rezept aus Portugal war schließlich entscheidend für ihre These: „Die goldene Suppe“. Ein Biskuitteig in Eiercreme getränkt. Dieses Rezept soll sie in einem britischen Kochbuch aus dem 18. Jahrhundert gefunden haben.

Heute ist die Trileçe aus der albanischen Küche im Kosovo nicht wegzudenken. Sie ist Nationalgut und gehört zu den Essgewohnheiten der Bevölkerung im Land dazu, genauso wie Fli.

Und hier kommt das Rezept

Zutaten für den Teig

7 Eier

100 Gramm Rohrzucker

180 Gramm Mehl (Dinkelmehl Typ 630)

10 Gramm Backpulver

eine Prise Vanille

Zutaten für die Kondensmilch

500 ml Milch

50 Gramm Rohrzucker

Zutaten für das Karamell

200 Gramm Rohrzucker

ein Schuss Sahne

Zubereitung

Eier trennen, das Eiweiß steif schlagen und kühl stellen. Das Eigelb mit Zucker cremig schlagen. Mehl reinsieben und Backpulver dazugeben. Das Eiweiß unterheben. Eine Auflaufform mit Backpapier auslegen und den Teig reinfüllen. Das Ganze wird gebacken bei 200 Grad für 10 Minuten. Dann wird die Temperatur auf 150 Grad reduziert und der Kuchen wird für 30 Minuten weitergebacken.
Währenddessen 500 ml Milch und 50 Gramm Zucker auf kleiner Stufe langsam köcheln lassen bis die Milch einreduziert ist und eine cremige Konsistenz erreicht hat.
Die Kondensmilch wird dann mit 500 ml Sahne verrührt.
Nachdem der Teig gebacken wurde, wird er aus der Form genommen, umgedreht und auf eine saubere Arbeitsfläche gelegt. Das Backpapier wird abgezogen, der Teig wird wieder in die Form gelegt, aber diesmal mit der unteren Seite nach oben. Mit einem Holzspieß wird diese Seite perforiert, um die Sahne mit der Kondensmilch besser einziehen zu lassen. Abschließend wird für das Karamell 200 g Zucker bei kleiner Hitze geschmolzen und mit einem Schuss Sahne verrührt. Dies wird gleichmäßig auf den Kuchen verteilt.
Bevor man den Kuchen serviert, sollte man ihn für mindestens drei Stunden ruhen lassen.
Trileçe kann man wunderbar mit einem Espresso oder einem türkischen Kaffee anbieten.

10 Fragen an den Koch Halim Meißner

Halim, erzähle uns doch mal, warum hast Du Dich auf dieses Experiment eingelassen, alte albanische Rezepte aus dem Kosovo nachzukochen bzw. nachzubacken?

Ganz ehrlich, aus Freude am Kochen und am Ausprobieren neuer Rezepte. Ich habe natürlich einen Bezug zur albanischen Küche aus dem Kosovo, zum albanischen Essen, da meine Frau Vjosa aus Prish-tina kommt. Es hat mich sehr interessiert zu sehen, inwieweit sich die albanische Küche vegetarisch umsetzen lässt. Und ich bin positiv überrascht: Die Küche der Albaner ist für Vegetarier gut geeignet. Sie ist vielfältig. Zu allen Speisen wird Gemüse und Käse angeboten. Man hat eine gute Auswahl und kann gut auf Fleisch verzichten.

Was war Dir dabei besonders wichtig?

Als Vegetarier war mir eben genau dieser Aspekt wichtig: fleischlos zu kochen. Dann war es mir wichtig zu schauen, ob man einige Sachen nicht noch verträglicher machen kann, indem man z. B. das Weizenmehl durch andere Mehle ersetzt oder auch mal Milch und Sahne durch Alternativen ersetzt. So haben wir wunderbar Dinkelmehl statt wie üblich Weizenmehl für viele unserer Speisen verwendet und am Geschmack hat sich kaum was verändert. Statt Milch und Sahne haben wir oft Hafermilch verwendet, oder auch die Butter durch ein hochwertiges Rapsöl ersetzt. Es hat einfach Spaß gemacht zu überlegen, wie könnte man was variieren, wie könnte man was optimieren.

Welches Adjektiv fällt Dir sofort zur albanischen Küche aus dem Kosovo ein?

Die Küche aus dem Kosovo ist auf jeden Fall sehr teiglastig.

Wann hast Du zum allerersten Mal in Deinem Leben eine albanische Speise probiert und was hast Du dabei gedacht?

Ich glaube, das erste Mal, als ich etwas aus der albanischen Küche probiert habe, das war vor vielen, vielen Jahren. Es war das Maisbrot, welches mein Herz eroberte. Meine Frau hatte ihre Eltern besucht und brachte mir Maisbrot als Proviant mit. Ich war hellauf begeistert. Meine Schwiegermutter backt dieses Brot bis heute sehr gerne.

Was ist Dein Lieblingsgericht aus dem Buch und warum?

Mein Lieblingsgericht aus dem Buch ist auf jeden Fall Krelan, also der Maiskuchen. Einen Kuchen in dieser Form hatte ich vorher so nicht probiert. Dieser Kuchen ist unglaublich lecker und sehr gesund. Dieses Gericht kann man auch wunderbar abwandeln und einfach ein Gemüseragout oder Ähnliches anstatt der Brennnesseln nehmen und das ebenso backen. Ich verspreche, dies ist ein wunderbarer Kuchen.

DANKSAGUNG

Ich bedanke mich herzlich bei meiner Mutter für ihre Geduld, immer alles schriftlich festzuhalten. Dank ihr haben es „Omas Rezepte“ bis nach Deutschland geschafft. Sie war uns bei der Gestaltung dieses Buches eine große Hilfe: hat mitgekocht, mitgedacht, mitgebacken. Ich bedanke mich herzlich bei meinem Schwager, der diese Reise auf sich genommen hat und all die Rezepte mit großer Neugier und deutscher Genauigkeit studiert und nachgemacht hat. Ohne ihn wäre mein Wunsch nach einem Kochbuch mit Familienrezepten aus dem Kosovo nur ein Wunsch geblieben. Meiner Schwester danke ich für ihre Beobachtungsgabe, für ihre Kreativität, und vor allem für ihr Erinnerungsvermögen. Sie konnte sich an Details aus unserer Kindheit viel besser erinnern als ich. Dem Papa danke ich für seine historischen Kenntnisse. Er ist wie ein Geschichtsbuch. Vor allem danke ich ihm für seinen gesunden Appetit. Er hat alles, was wir gekocht und gebacken haben, mit Begeisterung gegessen. Meinem Bruder danke ich für seine wertvollen Hinweise, Ratschläge und Tipps. Besonderer Dank geht an Christina Laurenço, die unsere Fotos bearbeitet hat. Lajos Fischer für seine authentischen Kenntnisse über Ungarn. Endrit Gashi für seine Hilfe bei der Recherche. Und last but not least danke ich meinem Verleger Lojze Wieser für die Inspiration, dieses Buch zu schreiben.

Welches Rezept hat Dir beim Zubereiten den letzten Nerv geraubt?

Den letzten Nerv geraubt haben mir die Mantia. Sie schmecken zwar wahnsinnig lecker, sind aber von der Herstellung her wirklich nicht meins. Da fehlt es mir manchmal auch an Geduld, kleine Teigtaschen zu formen. Meine Frau Vjosa und meine Schwiegermutter Hatixhe haben mich dabei unterstützt. Ohne die beiden hätte ich die Herstellung der Mantia nicht so gut gemeistert.

Vor welchem Gericht hattest Du wirklich Respekt?

Respekt hatte ich auf jeden Fall vor dem Fli. Ich saß ungefähr 2 Stunden vor dem Ofen und trug Schicht für Schicht auf, langsam und geduldig. Dabei versuchte ich mir vorzustellen, wie die albanischen Frauen das am offenen Feuer machten in der riesigen Pfanne. Diese besondere Art der Fli-Herstellung, wie die Frauen das im Kosovo machen, hat was von einem Kunstwerk, das würde ich eines Tages selbst gerne mal live erleben.

Was genau hat Dich am Kochen begeistert, dass Du bereits als junger Mensch eine Koch-Ausbildung gemacht hast?

Ich wollte bereits als junger Mensch Koch werden. Das kombinieren von Zutaten und das Experimentieren mit diesen, um neue Kreationen zu erschaffen, welche dann mich oder auch andere begeistern, ist es, was ich an meinem Beruf liebe. Das ist es, was mich immer wieder fasziniert hat und bis heute antreibt.

Was kochst Du privat am liebsten?

Privat koche ich gern Currys & Co, ich mag die asiatische Küche. Ich tobe mich selbst bei einer Suppe ganz gerne mal aus. Ich liebe es, aus Zutaten zu kochen, die sich im Kühlschrank versteckt haben, sprich, ich habe auch Freude daran, aus dem zu kochen, was der Kühlschrank hergibt. Ich experimentiere einfach gerne.

Hat Dir unser Kochbuch Lust gemacht, in den Kosovo zu fahren?

Definitiv. Bisher haben meine Frau und ich es noch nicht geschafft, in den Kosovo zu fahren, es kam einfach ständig was dazwischen. Aber allerspätestens nach dem Kochbuch werden wir eine Reise in den Kosovo machen. Es freut mich immer, wenn ich tolle Gerichte mir auch mal in den Ländern selbst anschauen kann, wie sie zubereitet und serviert werden, das empfinde ich als unentbehrlich.

Was es bedeutet, eine albanische Frau zu sein!

Auszug aus dem Gedicht: „Mein Dorf", von Anton Z. Çajupi | „Fshati im", Anton Z. Çajupi

(Deutsch von Arta Ramadani und Lojze Wieser)

Burrat nën hie,	*Im Schatten Männer*
lozin, kuvendojnë,	*Spielen. Plaudern*
pika që s'u bie,	*Das Unglück geht vorbei*
se nga gratë rrojnë!	*Sie leben von ihren Frauen*

Das Gedicht *„Mein Dorf"* des albanischen Schriftstellers Andon Z. Çajupi ist bezeichnend für die Rolle der Frau in der albanischen Gesellschaft. Er beschreibt sie als eine fleißige, tüchtige, aufopfernde Frau, die sich um Haus, Hof, Familie kümmert, während die Männer im Schatten sitzen, diskutieren und sich ein gutes Leben machen.

Der Verfasser des Gedichts, der selbst ein Mann war, hat Mitleid mit der albanischen Frau. Er redet ihr ins Gewissen, sie solle doch besser auf sich aufpassen und sich überlegen, ob sie so einen Mann behalten möchte, der bei der nächstbesten Gelegenheit abtaucht und ihr die ganze Arbeit überlässt.

In der Tat sind albanische Frauen sehr starke Frauen, die ganze Familien seit Jahren und Jahrhunderten zusammenhalten. Sie kochen und backen, hegen und pflegen, jeden und alles. Sie sind hauptsächlich dafür verantwortlich, das Essen auf den Tisch zu stellen, die Kinder zu erziehen, Haus und Hof sauber zu halten, dabei sehen sie immer gut aus, gehen oft auch einem Beruf nach und beschweren sich nie. Woanders in der westlichen Welt würde man sie *„Wonderwomen"* nennen, unter den Albanern gehören all diese Tätigkeiten der Frauen zum guten Ton dazu. Das habe ich nicht nur in meiner eigenen Familie beobachtet. Wo auch immer Albanerinnen leben, ob im Kosovo, Albanien, Mazedonien, Montenegro oder in der Diaspora. Man kann sehen, sie sind tüchtige und sehr tapfere Frauen. Sie werden dazu erzogen stark, fleißig und unermüdlich zu sein.

Lange Zeit habe ich nicht verstanden, warum das so ist. Warum Albanerinnen sich so verausgaben. Warum sie so viel für ihre Familien tun und immerzu *bevormundet* werden.

Die Antwort fand ich in dem Buch von Robert Elsie: der Kanun – das albanische Gewohnheitsrecht nach dem sogenannten Kanun des Leke Dukagjini.

Die Regelungen des Kanuns wurden zum ersten Mal von Pater Shjefën Gjeçovi aufgeschrieben, diese publizierte er in Form eines Buches im Jahr 1933 in Albanien.

Der *Kanun* war für die Albaner lange Zeit ihre Bibel, ihr Koran. Es stellte ein eigenes Rechtssystem dar und regelte lange Zeit das Leben unter den Albanern, die unter harten Bedingungen lebten. So gibt der Kanun zum Beispiel Handlungsanleitungen, wie man mit Gästen oder Feinden umgeht. Wie man die Kinder verheiratet oder wie man das Erbe verteilt.

Laut Elsie ist der Kanun der internationalen Öffentlichkeit bekannt, weil er an erster Stelle mit der Blutrache in Verbindung gebracht wird. Elsie animiert den Leser dazu, mehr dahinter zu sehen, als das, wofür der Kanun bekannt ist. Elsies Buch hat mich inspiriert, genauer hinzuschauen, meine Beobachtung zu schärfen.

Als ich durch den *Kanun* geblättert habe, bin ich fast vom Glauben abgefallen. Ich konnte es nicht fassen, wie vieles davon noch heute fest verankert ist in der albanischen Gesellschaft, in den Köpfen vieler Eltern auch in den Communities in der Diaspora:

Im *Kanun* hat die Frau eine minderwertige Stellung, sie gilt als *„Schlauch"*, in dem die Ware transportiert wird. Sie ist bei Geburt *„weniger wert"* als ein Sohn. Söhne sind Stammhalter und werden verehrt. Die Tochter gilt bei Geburt als *„Fremde"* im eigenen Elternhaus, weil sie eines Tages heiraten muss, um der Familie des Mannes zu dienen. Die Frau hat im *Kanun* kein Erbrecht. Sie muss als Jungfrau in die Ehe gehen. Falls sie Ehebruch begeht, darf der Mann sie töten.

Die Frau hat im *Kanun* praktisch keine Rechte. Sie muss gehorchen, funktionieren, sie hat kein Selbstbestimmungsrecht, ihre Hauptaufgabe ist es zu heiraten, Kinder zu gebären, am besten Söhne auf die Welt zu bringen. Sie hat sich für die Familie aufzuopfern, und vom Erbe Abstand zu nehmen. Über sie bestimmt der Vater, der Bruder oder der Ehemann.

Verstehen Sie mich bitte nicht falsch, natürlich leben die heutigen albanischen Familien die Regelungen des *Kanuns* nicht wortgetreu aus. Dafür hat bei den Albanern in den letzten dreißig Jahren ein viel zu großer Bewusstseinswandel stattgefunden. Fast alle Albaner sind sehr bildungsorientiert, sie genießen es, wenn ihre Töchter modern angezogen sind, Hochschulabschlüsse machen, Fremdsprachen sprechen und gutes Geld verdienen.

Nichtsdestotrotz gibt es bis heute Phänomene in vielen albanischen Familien, die auf den Regelungen des *Kanuns* fußen. Völlig egal, ob im Kosovo oder in der Diaspora, in Deutschland, der Schweiz oder Österreich. Dies bestätigen auch immer wieder Frauenrechtsorganisationen wie „Terres des Femmes".

So zum Beispiel sehen es viele Familien nicht gerne, eine unverheiratete Tochter zu haben. Egal, ob es sich dabei um eine Ärztin, Lehrerin oder politische Aktivistin handelt. Ohne einen Ehemann verliert eine albanische Frau an Wert.

Viele Familien sehen es zwar gerne, attraktive Töchter zu haben, die ihre Sexualität anpreisen, mit ihren Reizen spielen, denn diese Frauen haben es auf dem Heiratsmarkt leichter. Aber wenn genau diese Töchter ihre Sexualität frei und unverheiratet ausleben, dann führt das häufig zu Konflikten innerhalb der Familie. Mit so einem Verhalten entehren sie ihre Eltern.

Vor allem Frauen in der Diaspora, die in einer westlichen Welt aufwachsen, machen ihre sexuellen Erfahrungen oft heimlich.

Ich habe es selbst erlebt, wie Frauen extrem unter Druck gesetzt werden, einen Ehemann zu finden, um so die Familie nicht zu entehren. Dabei spielt es keine Rolle, ob diese Frauen in Deutschland oder im Kosovo leben oder welchen Bildungsgrad sie haben.

Meine Freundinnen in Prishtina erzählen mir offen, wie sie emotional unter Druck gesetzt werden, Söhne zu gebären. Dabei handelt es sich um aufgeklärte Frauen: Ärztinnen, Architektinnen und Unternehmensberaterinnen. Natürlich werden nicht alle Albanerinnen unter Druck gesetzt, Söhne zu gebären, aber ganz subtil wünschen sich noch immer sehr viele Familien Söhne als Erben. Auch in der Diaspora.

Im Kosovo soll es sogar Frauen geben, die abtreiben mussten, wenn klar war, dass es sich bei dem Baby um ein Mädchen handelt.

Ein größeres Tabu als das Thema „Sex“ stellt das Thema „Erbschaft“ dar. Es ist fast unmöglich, mit Albanerinnen offen darüber zu sprechen. Für viele Frauen ist es nach wie vor schmerzhaft, sich einzugestehen, dass sie systematisch von ihren eigenen Eltern diskriminiert und vom Erbe ausgeschlossen werden.

Schätzungsweise 80 % des Eigentums im Kosovo ist in Männerhand. Frauen haben oft nur eine dekorative Funktion, sie sollen sexy aussehen, tüchtig sein, den Entscheidungen der Männer folgen. Es gibt nur wenige Frauen im Kosovo, die Eigentum besitzen und Entscheidungsmacht haben.

Bis heute gibt es zahlreiche Geschichten über albanische Frauen, die sich zum Wohle der Familie, der Nation, der Ehre aufopferten. Die Gründe dafür liegen tief in der Geschichte und in der Kultur der Albaner verwurzelt.

Berühmt ist die Legende der Rozafa, die ich Ihnen nicht vorenthalten möchte.

Rozafa wurde bei lebendigem Leib eingemauert. Der Saga nach gab es in der Zeit der Illyrer drei Brüder, die eine Burg bauten. Jede Nacht gingen allerdings die Mauern aus unerklärlichen Gründen kaputt. Eines Tages gab ihnen ein älterer Mann den Rat, eine Frau einzumauern, denn nur dann könnte die Burg gebaut werden, die Mauern würden so für immer halten. Und so beschlossen die drei Brüder, jene Frau einzumauern, die ihnen am nächsten Tag das Essen vorbeibringen würde. Der Plan war gesetzt, die Brüder gaben sich das Versprechen ihren Ehefrauen nichts davon zu erzählen. Der Zufall sollte entscheiden, welche Frau das Schicksal trifft. Doch die ersten beiden Brüder hielten sich nicht daran. Sobald sie zu Hause waren, erzählten sie ihren Ehefrauen von ihrem Vorhaben und brachen somit die Abmachung.

Einzig der jüngste Bruder hielt sich daran und so traf seine Frau Rozafa am nächsten Tag auf der Baustelle ein. Ohne große Diskussionen nahm sie ihr Schicksal an. Sie hatte nur eine letzte Bitte: Man sollte ihre Brust, ihren einen Arm und das Bein nicht einmauern, denn so könnte sie wenigstens ihrem Kind die Brust geben, es mit der Hand streicheln und mit dem Bein die Wiege schaukeln.

Rozafas Geschichte wird gerne im Geschichtsunterricht behandelt, von Generation zu Generation weitererzählt. Sie wird als Heldin gefeiert in vielen albanischen Familien, als eine Frau, die sich fügte, gehorchte, ihr eigenes Leben opferte zum Wohle der Familie.

Rozafas Schicksal ist bezeichnend dafür, wie im Namen der „Ehre", der „Stärke", und der „Selbstaufopferung" seit vielen Jahren und Jahrhunderten Frauen unter den Albanern ausgebeutet, ausgenutzt und missbraucht werden.

Bildung und finanzielle Unabhängigkeit sind für viele Frauen der einzige Weg, sich aus diesen Strukturen zu befreien und Gerechtigkeit zu erlangen. Einige von ihnen sind sogar dazu bereit, den Kontakt zu ihren Elternhäusern abzubrechen. Ich habe selbst Kontakt zu solchen Frauen. Vor allem in der Diaspora, im deutschsprachigen Raum blühen Albanerinnen auf.

Das Leben in einer stabilen Demokratie, wie zum Beispiel in Deutschland oder in der Schweiz, ermöglicht ihnen juristischen Schutz, aber auch eine gute Ausbildung, Karrierechancen, gute Bezahlung. So sind sie selbst in der Lage, Eigentum zu besitzen, ihr Leben frei und selbstbestimmt zu gestalten.

Heute findet man in der Diaspora tausende Albanerinnen in verantwortungsvollen Positionen: Juristinnen, Ärztinnen, Journalistinnen, Schriftstellerinnen, Architektinnen, Psychotherapeutinnen und Politikerinnen.

Beachtlich ist auch ihr Wille, sich in diese Gesellschaften zu integrieren und sich von gängigen Rollenmustern aus dem Elternhaus zu lösen. Da muss ich nicht weit schauen. Als bestes Beispiel dienen mir dazu meine eigene Schwester und ihr Mann, der Co-Autor dieses Buches, Halim Meißner. Er ist bei ihnen zu Hause der Mann in der Küche, er ist dafür verantwortlich, zu kochen und Essen auf den Tisch zu stellen. Er macht das mit so einer Begeisterung, mit so einer Hingabe, meine Großmütter wären verzückt gewesen, hätten sie die Möglichkeit gehabt, ihn kennenzulernen.

Meine Schwester genießt es, so einen Ehemann zu haben, sie übernimmt natürlich andere Tätigkeiten im Haushalt und unterstützt ihn, wo sie kann.

Meine Schwester und ich sind mit Eltern aufgewachsen, die eine klassische Rollenverteilung im Haushalt hatten. Unsere Mama ist eine berufstätige Frau, die aber zu Hause gekocht hat, unsere Wäsche gewaschen hat, unsere Schulsachen gepackt hat. Unser Vater hat die Mama im Haushalt unterstützt, hat aber die Küche selten betreten. Er hat eingekauft, den Müll runtergebracht, staubgesaugt und uns Kindern bei den Hausaufgaben geholfen. Somit hat meine Schwester diese typische Rollenverteilung, die es bei uns zu Hause gab, durchbrochen. Das ist eindeutig dem Leben in der Migration zu verdanken.

Sicherlich gibt es viele albanische Männer, die gerne und gut kochen. Aber für diese Männer ist in der albanischen Kultur kaum Platz. Es wird nicht gerne gesehen, wenn der Mann kocht, backt oder sich für häusliche Tätigkeiten interessiert. Das gilt als unmännlich. Die Küche ist das Terrain der Frau, es ist ihr Reich, wie es einst das Reich meiner Großmütter war. Man ist sogar davon überzeugt, dass das Essen aus der Hand einer Frau viel besser schmeckt als aus der Hand eines Mannes.

Ich bin davon überzeugt, dass Veränderungen in diesen patriarchalen Gesellschaften, in denen die Albaner leben, von Frauen kommen werden. Von Frauen kommen müssen. Sie haben die Macht, diese Gesellschaften zu revolutionieren, indem sie ihre Kinder nicht mehr nur zu Mann und Frau erziehen, sondern dazu beitragen, diese starren Rollenbilder aufzubrechen.

Ich hoffe, sie werden in Zukunft ihre Macht besser einsetzen.

QUELLENNACHWEIS

Die neue albanische Küche – Mediterran, Modern, Mullixhiu (Autor: Bledar Kola)

Flija: Vrojtim etnografik (Autor: Arsim Canolli)

Das türkische Kochbuch (Autorin: Nevin Halici)

Das Balkan-Kochbuch: Gerichte und ihre Geschichte (Autor: Gerd Wolfgang Sievers)

Rezepte aus dem Balkan – leckere Rezepte aus dem Balkan, einfach und schnell gekocht (Autor: M. Rockit)

Ungarn – Ungarische Spezialitäten (Aniko Gergely, Christoph Büschel, Ruprecht Stempeli, Michael Ditter)

Traditionelle Bosnische Küche – gesund und lecker essen wie vor 400 Jahren (Autor: Dzenan Djogic)

Die Serbische Küche: Die besten traditionellen Rezepte (Autorin: Tatjana Petkovski)

Babka – die junge polnische Küche (Autor: Marcin Jucha)

Die echte Kroatische Küche – über 90 landestypische Rezepte (Autor: Ino Kuvačić)

cook eat slowenia – traditional recipes from Slowenia (Autorin: Spela Vodovc)

https://www.austinchronicle.com/food/2004-02-13/196888/

https://www.mein-schoener-garten.de/pflanzen/brennnessel/brennnessel

https://www.gartennatur.com/edelkastanie-esskastanie

https://www.nabu.de/umwelt-und-ressourcen/oekologisch-leben/essen-und-trinken/natur/15276.html

https://www.evidero.de/gesunde-kastanien

https://www.zentrum-der-gesundheit.de/ernaehrung/lebensmittel/kraeuter/brennnessel

https://www.usa-kulinarisch.de/rezept/corn-bread-maisbrot/

https://www.brotexperte.de/brotsorten/brotsorten-in-europa/

Cornbread: The Ultimate Recipe Guide (Autorin: Susan Hewsten)

Köstliche Kartoffelküche (Autorin: Astrid Poensgen-Heinrich)

Bohnen, Erbsen, Linsen & co (Autor: Herbert Walker)

Gemeinde Korça, Albanien (https://www.bashkiakorce.gov.al/)

https://www.dw.com/de/kosovo-frauenh%C3%A4user-als-zufluchtsort/a-59116194

https://www.frauenrechte.de/informationen/dokumentationsstelle/geschlechtsspezifische-gewalt-in-herkunftslaendern?task=download.send&id=14&catid=2&m=0

Der Kanun – Das albanische Gewohnheitsrecht nach dem sogenannten Kanun des Leke Dugagjini (Autor: Robert Elsie)

Arta Ramadani

geboren am 03. 01. 1981 in Prishtina, Kosovo, ist eine deutsche Fernsehjournalistin und Buchautorin. Wenn sie keine Reportagen fürs Fernsehen dreht, Romane schreibt oder ferne Länder bereist, dann verbringt sie viel Zeit in der Küche. Sie kocht und backt für ihr Leben gern. Arta Ramadani lebt und arbeitet in Mainz.

Halim Meißner

geboren am 04. 03. 1978 in Süd-Brandenburg ist ein deutscher Koch. Seine Ausbildung beendete er 1997 in Senftenberg. Seitdem widmet er sich professionell der vegetarischen und veganen Küche. Seine Schwerpunkte sind Kräuter und Gewürze. Wenn er nicht in der Küche steht und mit Begeisterung neue Rezepte kreiert, reist er um die Welt, fotografiert gerne und widmet sich der Pflanzenkunde. Er ist verheiratet mit der aus dem Kosovo stammenden Vjosa Ramadani. Sie haben eine gemeinsame Tochter und leben in Mannheim.